U0688877

COMMUNICATION SKILLS AND TEAMWORK

刘芳 任娟 —— 主编

吴红翠 韩宪文 —— 副主编

沟通技巧与团队协作

微课版

等职业院校新形态通识教育系列教材

人民邮电出版社
北京

图书在版编目（CIP）数据

沟通技巧与团队协作：微课版 / 刘芳，任娟主编
. -- 北京：人民邮电出版社，2023.9
高等职业院校新形态通识教育系列教材
ISBN 978-7-115-61904-4

Ⅰ．①沟… Ⅱ．①刘… ②任… Ⅲ．①心理交往－高
等职业教育－教材②团队管理－高等职业教育－教材
Ⅳ．①C912.11②C936

中国国家版本馆CIP数据核字（2023）第098868号

内 容 提 要

本书围绕沟通与团队两大主题做了系统的讲解，全书共 8 章。沟通篇 4 章，包含初识沟通、沟通技巧、求职沟通和职场沟通。团队篇 4 章，包含团队基础、团队建设、团队执行力和团队冲突。

本书具有实用性强的特点，在理论介绍中突出实际应用的情景，在实操训练中突出职场特点，有助于读者理论向实际应用能力的转化。

本书既可以作为普通高校各专业沟通和团队协作类课程的教材，也可以作为职场人士提高沟通和团队协作能力的自学参考书。

◆ 主　　编　刘　芳　任　娟
　　副主编　吴红翠　韩宪文
　　责任编辑　楼雪樵
　　责任印制　王　郁　彭志环

◆ 人民邮电出版社出版发行　　北京市丰台区成寿寺路 11 号
　　邮编　100164　电子邮件　315@ptpress.com.cn
　　网址　https://www.ptpress.com.cn
　　山东百润本色印刷有限公司印刷

◆ 开本：787×1092　1/16
　　印张：10.75　　　　　　　　　2023 年 9 月第 1 版
　　字数：250 千字　　　　　　　2023 年 9 月山东第 1 次印刷

定价：49.80 元

读者服务热线：(010)81055256　印装质量热线：(010)81055316
反盗版热线：(010)81055315
广告经营许可证：京东市监广登字 20170147 号

如今，沟通与团队协作的能力受到越来越多企业的重视，是当今职场必不可少的技能，同时这些能力在日常生活中也发挥着至关重要的作用。良好的沟通能力，有助于建立和谐的人际关系，让事业更成功，生活更幸福。随着社会的发展，现在很多新的沟通方式被广泛应用于日常生活和职场中。本书在对传统的沟通方式和沟通技巧进行介绍的基础上，对新型的沟通方式和技巧，比如网络沟通等，也做了详细的介绍。

本书系统地介绍了与沟通、团队两大主题相关的内容。全书共八章，每章包括学习目标、知识梳理、实操训练、学习检测等栏目，有助于读者将知识转化为能力，并拓展思路，提升沟通与团队协作能力。

党的二十大报告指出，"产教融合是职业教育的基本办学模式，也是职业教育发展的本质要求。"本书的编写团队认真领会二十大精神，贯彻落实，深入企业调研，因此本书具有实用性强的特点。在理论介绍中突出实际应用的情景，结合案例分析，使理论生动有趣，每章实操训练的设计突出职场特点，有助于理论向实际应用能力的转化。本书配套资源丰富，有PPT课件、教案、课程大纲、习题集等，本书还配有微课视频，涵盖全书主要知识点。本书配套慕课课程已经在智慧职教慕课学院上线，有助于读者方便、高效地学习。

本书由刘芳、任娟担任主编，吴红翠、韩宪文担任副主编，其中，刘芳编写了第一章、第二章，任娟编写了第三章、第四章，吴红翠编写了第五章、第八章，韩宪文编写了第六章、第七章。

由于编者水平有限，书中难免存在不足之处，恳请广大读者批评指正。

编 者

2023年3月

CONTENTS 目 录

沟通篇

第一章 初识沟通 1

第二章　沟通技巧　19

第三章　求职沟通　38

团队篇

7

第七章　团队执行力　　128

8 第八章　团队冲突　　　　　　　　　　　140

沟通篇

第一章
初识沟通

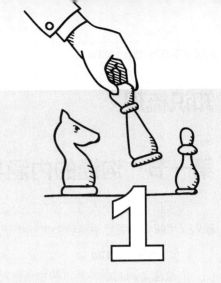

学习目标

【知识目标】

- 能说出沟通的含义，描述不同沟通方式的特点和适用条件。
- 能说出互联网沟通的注意事项，沟通的过程和过程中每个要素的含义。
- 能理解成功沟通的含义。
- 能说出沟通的过程中有哪些障碍，消除沟通障碍的方法。

【能力目标】

- 能够根据实际情况，选择合适的沟通方式；运用沟通要素知识，避免沟通误差；判断沟通障碍，并想办法克服。

【素养目标】

- 通过沟通，可以促进人与人之间的相互理解，建立和谐的人际关系，促进社会和谐。
- 学习古代及近现代名人关于沟通的名言和事迹，深刻领会中华民族的伟大智慧和灿烂悠久的文明。
- 正确看待不同背景的差异，懂得尊重差异，尊重他人。

沟通模块学习
指导

知识梳理

第一节 沟通的内涵与方式

沟通是我们每个人每天都在做的事情，无论生活、学习、工作都离不开沟通。那么对于沟通我们又了解多少呢？下面我们来初步认识一下沟通。

一、沟通的内涵

沟通这个词的古义是"两水通过挖沟，相互流通"，现在指的是"两种思想的交流与分享"，由原来的沟通两水，引申为沟通思想信息。沟通是人与人之间的思想交流，也是传情达意的重要过程，看起来似乎很简单，其实有很深的学问。如果你在沟通过程中不能正确有效地传递信息，不仅无法达到沟通的最初目标，还可能给彼此的交往带来负面影响。相反，如果你具有出色的沟通能力，就可以在生活中化解各种矛盾，维护家人、朋友之间的良好关系，还能在工作中最大限度地运用自己的工作经验、专业知识，发挥个人能力，并因为自身具备的沟通能力，迅速给人留下深刻的印象。在现代社会，沟通不仅关系到你的职业生涯，同时也关系到你的人生幸福，各类人际关系的和谐都需要良好的沟通能力。

沟通内涵与
类型

二、传统沟通

在互联网普遍应用之前，人们的沟通往往是面对面的沟通。如果由于距离遥远不能当面沟通，多采用电话沟通，或书面沟通的方式。

1. 当面沟通

当面沟通是一种最直接的沟通方式。沟通双方可以通过语言沟通，也就是口头沟通。除此以外，还有很多非语言的因素起到沟通信息的作用，比如仪表仪态、肢体动作、面部表情，都属于非语言沟通。它传递的信息有时和语言沟通一致，有时不一致。比如你手舞足蹈地说"我太高兴了"，你的动作是非语言，是对语言的加强。再比如，下班了，你去找领导说事，领导嘴上说"没事，你慢慢说，不着急"，却时不时地看手表，这时领导的肢体语言和语言就是不一致的，而往往肢体语言比语言更诚实。

2. 电话沟通

电话沟通属于语音沟通，你通过电话可以传递声音，但是看不到对方。因此，在电话沟通中往往讲话的措辞、内容、语气等对沟通效果起到关键作用。电话沟通能够实现远距离沟通，但是由于不了解对方的情况，可能会打扰对方，会显得比较突兀。对方可能不方便接听电话，比如正在开会等。另外，电话应答可能会使对方来不及深入思考。所以，如果选择电话沟通，最好预约通话的时间，让对方有准备。

3. 书面沟通

书面沟通属于文字沟通。相较于语音沟通，文字沟通会显得更正式、更郑重。书面沟通会给沟通双方充分的时间思考和修改，所以形成的书面文字往往较语音沟通更准确。但是书面沟通隐藏了肢体动作和面部表情，沟通者也不能通过语气来判断对方的情绪，只能透过文字揣测对方的态度和意图。书面沟通除了正式的通知、文件等，还包括日常的书信和电子邮件。

三、互联网沟通

随着互联网技术的普遍应用，人们有多种新型的沟通方式，比如各种聊天软件等。而且随着自媒体的发展，自媒体沟通的影响范围和影响力在不断扩大。

1. 聊天软件沟通

聊天软件沟通是互联网高速发展后兴起的沟通方式，常见的聊天软件有微信、QQ等。由于聊天软件的用户群体非常庞大，覆盖范围广，目前已经成为一种主要的沟通方式。这些聊天软件往往支持文字沟通、语音沟通和视频沟通等多种方式。

在使用聊天软件沟通时，选择合适的沟通方式显得尤为重要。采用文字沟通的方式，聊天软件沟通不如书面沟通正式，文字内容可以较随意；文字沟通还可以隐藏表情和语气，减小了沟通者的心理压力。聊天软件沟通允许回复的延时性，给回答者充分的思考时间。聊天软件沟通中的视频沟通方式基本可以实现面对面沟通的效果，同时沟通者可以通过调节摄像头角度等手段，隐藏不想让对方看到的画面。

知行合一

选择合适的微信沟通方式

两个朋友正在用微信视频聊天。

A：我最近在老家看上一套房子，首付还差点，想跟你借3万元周转一下，行吗？两三个月后就能还你。

B：（脑子飞速运转，其实卡里有钱，如果借给对方，自己急用时对方还不上就很麻烦，但又不好直接拒绝。于是只好用最诚恳、最无奈的语气来拒绝。）真不好意思啊！我也刚买了房，还贷压力大，口袋都被掏空了，对不住啊……

如果用微信语音沟通，示例如下。

A：我最近在老家看上一套房子，首付还差点，想跟你借3万元周转一下，行吗？两三个月后就能还你。

B：（脑子飞速运转，因为是微信语音沟通，回复不用那么着急。）真不好意思啊！我也刚买了房，还贷压力大，口袋都被掏空了，对不住啊……要不你再问问别人？

如果用微信文字沟通，示例如下。

A：我最近在老家看上一套房子，首付还差点，想跟你借3万元周转一下，行吗？两三个月后就能还你。

B：（暗自思考了3分钟，然后回绝。）真不好意思啊！我也刚买了房，还贷压力大，口袋都被掏空了，要不你再问问别人？

分析：与视频沟通和语音沟通相比，文字沟通缺少了面部表情、肢体语言和语调语气等信息，表达情绪和感受的力度就会弱很多。但正因为这种缺失，文字沟通隐藏了很多真实的信息，并且给沟通双方足够的时间来思考和反应，不但要斟酌如何回复才不会伤及对方的自尊心，还要推敲回复内容的逻辑是否恰当，每句话是否能准确地表达自己的情绪和想法。

更重要的是，文字沟通还避免了视频沟通和语音沟通中的一些尴尬，比如拒绝别人、被别人拒绝等，都是很令双方尴尬的，但采用文字沟通时，彼此的心理压力就会小得多。

2. 自媒体沟通

自媒体是指在网络技术环境下，普通大众可以提供与分享信息的途径，每个人都具有媒体、传媒的功能。自媒体源自互联网，发展迅速，涉及各个领域。自媒体已经成为个人、企业、社会组织等与公众沟通的方式之一，由于它的及时性、传播的广泛性，以及门槛低，被广泛地应用于信息发布、形象宣传和营销等商业用途。

自媒体作为一种个人与公众沟通的方式，可以用于分享时事热点、发表个人观点。我们可以发表言论，但是发表言论的时候要注意，不能触碰法律的底线，不能一味寻求刺激、博人眼球，要遵循公序良俗。

自媒体作为一种个人与公众沟通的方式，可以用于分享个人的生活、感情等。我们可以分享生活的美好，传播社会的正能量。现实生活中总有不如意，也会遇到各种磕磕绊绊，然而我们不能为了发泄情绪，发表煽动性言论，误导不明真相的人。如果造成严重后果，会受到法律制裁。

不要散布谣言。谣言止于智者，对于真相不明和未经核实的信息，不要转发，更不要为寻求刺激夸大事实地传播。不发表侮辱、诽谤他人的文字、图片或视频。人与人之间有矛盾是正常的，但不能因为自己的需求得不到满足，就将他人的隐私公之于众，再加以侮辱、诽谤性的文字。因为，网络传播的速度快、范围广，会造成难以想象的恶劣影响。

 初心不忘

网络言论的相关法律

1.《刑法》第二百二十一条规定，捏造并散布虚伪事实，损害他人的商业信誉、商品声誉，给他人造成重大损失或者有其他严重情节的，处二年以下有期徒刑或者拘役，并处或者单处罚金。

2.《刑法》第二百四十六条规定，以暴力或者其他方法公然侮辱他人或者捏造事实诽谤他人，情节严重的，处三年以下有期徒刑、拘役、管制或者剥夺政治权利。

具有下列情形之一的，应当认定为刑法第二百四十六条第一款规定的"情节严重"：

① 同一诽谤信息实际被点击、浏览次数达到5000次以上，或者被转发次数达到500次以上的；

② 造成被害人或者其近亲属精神失常、自残、自杀等严重后果的；

③ 二年内曾因诽谤受过行政处罚，又诽谤他人的；

④ 其他情节严重的情形。

此外，一年内多次实施利用信息网络诽谤他人行为未经处理，诽谤信息实际被点击、浏览、转发次数累计计算构成犯罪的，应当依法定罪处罚。

小结与思考

沟通的方式有很多，有当面沟通、电话沟通、书面沟通等传统沟通方式，随着互联网的发展，又涌现出聊天软件沟通、自媒体沟通等互联网沟通方式。

如何根据实际需要和每种沟通方式的特点，选择合适的沟通方式？

初识沟通

第二节 沟通的过程模式

沟通是信息从发送者向接收者传递的过程。首先，发送者要将信息进行编码，然后选择通道传递给接收者，中间还会有噪声干扰，接收者要对信息的编码进行破译，译码之后获得信息。为了确保接收者接收的信息准确，还需要由接收者向发送者反馈，中间同样需要经过编码、选择通道、译码的过程。

在这个沟通过程中，出现的沟通要素分别是：编码和译码、通道、背景、噪声、反馈。沟通的过程如图1-1所示。

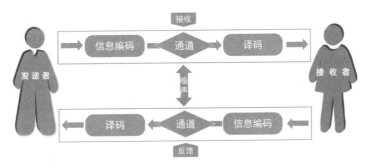

图1-1 沟通的过程

一、编码和译码

编码是发送者将信息意义符号化，编成一定的文字等语言符号及其他形式的符号。译码则相反，是指将符号转化为意义。沟通中的编码和译码，如图1-2所示。比如我想向你传达一个意思，我可以组织语言说给你听，或者编写成文字给你看，还可以有其他形式，比如做个动作、做个表情，这些都是不同形式的编码符号。译码就是反过来，你接收到了我的语言、我的文字，或者动作、表情，由此来还原我要表达的意思。

二、通道

通道是由发送者选择的、用来传递信息的媒介。人与人沟通可以面谈，可以找个中间人，也可以机器为媒介，比如现在的电话、微信，以前的传真，这些媒介都属于通道。

图1-2 沟通中的编码和译码

三、背景

沟通总是在一定背景下发生的，任何形式的沟通，都要受到各种环境因素的影响。一般认为，对沟通过程产生影响的背景因素包括以下几个方面。

1. 心理背景

心理背景指的是沟通双方的情绪和态度。心理状态会影响沟通效果。比如情绪失控使人的编码和译码能力都受到影响。如果双方沟通的态度有敌意，也会造成沟通不畅。同样的一句话，朋友说你觉得是玩笑，对手说你可能就会有恶意的揣测。

初心不忘

纵横家的智慧

　　战国时期著名的纵横家鬼谷子，曾经总结出了与各种各样的人交谈的技巧，堪称精辟："故与智者言，依于博；与拙者言，依于辨；与辨者言，依于要；与贵者言，依于势；与富者言，依于高；与贫者言，依于利；与贱者言，依于谦；与勇者言，依于敢；与过者言，依于锐。"

2. 物理背景

　　物理背景指的是现实的环境，沟通的地点。比如在只有两个人的办公室和有一群人的大办公室，同事之间沟通的内容就会有很大的区别。同样的话在不同的场合说，就会产生不同的效果。要想使自己的话在对方的心里有一定的分量，就必须把握说话的物理背景。这就需要我们用耳朵认真听，用眼睛仔细看，用大脑全面分析，寻找合适的机会表达想法。不恰当的说话地点，不仅会影响表达效果，甚至可能给自己带来不必要的麻烦，这就应了我们经常听到的一句话："祸从口出。"

知行合一

选择沟通地点

　　明代开国皇帝朱元璋出身贫寒，少年时就给地主家放牛，后为了填饱肚子甚至出家为僧。但朱元璋胸有大志，历尽坎坷，终于成就了一代霸业。

　　相传，朱元璋当上皇帝后，一天，少年时一块儿玩耍的伙伴前来拜见。他见到朱元璋高兴极了，生怕朱元璋忘了自己。于是，他手舞足蹈地在金殿上高声说："万岁！您还记得吗？那时候，咱俩都给人家放牛。有一次，我们在芦苇荡里把偷来的豆子放在瓦罐里煮着吃，还没等煮熟，大家就抢着吃，把罐子都摔破了，洒了一地的豆子汤。你只顾从地上抓豆子吃，结果被红草根卡住了喉咙。当时，还是我出的主意，让你吞下一把青菜，才把那红草根咽进了肚子里。"

　　当着文武百官的面，自己当年的狼狈相被人和盘托出，朱元璋又气又恼，只好喝令左右："哪里来的疯子？！来人，把他轰出去！"

3. 社会背景

　　社会背景指的是双方的社会角色。比如，某人原来和你平级，你们的社会关系是同事，但后来他升级了，变成了你的领导，你们之间的社会关系就不同了，你们之间的沟通就会发生变化。这就是社会角色对沟通的影响。

4. 文化背景

　　文化背景指的是沟通双方长期以来的文化积淀，包括价值取向、思维模式、心理结构等。文化背景的影响在我们与外国人沟通时表现得最为明显，因此有专门针对跨文化沟通的研究。

知行合一

跨文化沟通的技巧

在全球经济中，成功的技巧莫过于具备跨文化沟通的能力。根据大量该领域研究者的观点，这一整套技巧涉及多方面的个人能力。

● 认识到自己的知识和观点相对性的能力。我们每个人都趋向于根据我们自己的教育水平、背景和信仰来评判他人、事件和观点。而认识到自己的这些方面不同于其他文化，会是开启跨文化沟通的良好开端。

● 不随意评判的能力。你可以做出自己的判断，但不要把自己的判断告知他人。

● 容忍模糊的能力。承认这样的事实，即你不可能全面理解另一种文化，但同时你又能在那样的文化中游刃有余。

这一整套技巧涉及在无须采纳和内化的情况下尊重他人的行为方式、其国家以及其价值观的能力。这些技巧还包括如下能力和素质：展示同理心、灵活性（尤其在高度模糊或不确定的情况下），懂得忍让和谦卑。

分析：无论是在国内还是在国外，理解他人的文化、习俗、社会准则及信仰都同样重要。有趣的是，正当我们发现世界经济越来越趋于全球化和相互依存时，我们发现自己的国家也在发生同样的变化，似乎未来若干年中唯一不变的将是变化本身。

四、噪声与反馈

1. 噪声

噪声是指妨碍信息沟通的任何因素，存在于沟通过程的每个环节，并可能造成信息失真。比如外部的噪声、沟通双方的信念偏见、语言噪声等。语言噪声指的是沟通过程中冒犯对方的语言，会使对方产生反感。

2. 反馈

反馈是接收者将信息返回给发送者，并对接收的信息是否准确进行核实。有时是接收者以语言反馈给发送者以核实，比如说"您说的意思是……吗"；有时是接收者从行为表现上进行反馈，比如接收者做的与发送者说的不一致，就是没有达到沟通的效果。

小结与思考

沟通的过程模式：信息从发送者传递给接收者要经过编码、选择通道、译码的过程，再经过反馈形成一次闭合的沟通。过程中的沟通要素包括编码和译码、通道、背景、噪声、反馈。每个沟通要素都对沟通过程产生影响。

通过对沟通过程模式的学习，你觉得在沟通过程中的每个环节应注意什么，才能尽可能地减少沟通的误差？

初识沟通

第三节　成功的沟通

什么样的沟通能够被称为成功的沟通呢？沟通是人与人之间、人与群体之间思想与感情的传递和反馈过程。沟通的目的是思想能够达成一致，感情传递能够畅通无阻。也就是说，沟通的目标不只是让对方口服，更重要的是心服。

一、沟通的结果——口服

在有些沟通中，沟通者并不能完全做到使人心服口服，而且很多情况下沟通对象都是口服心不服。比如临下班时，突然来了个紧急的工作，领导要安排一个员工加班，这多少是有些难度的，因为大家都不愿意加班。这时我们可能认为，如果员工同意加班，就是沟通成功；如果员工不同意加班，就是沟通失败。

也就是说，人们常以沟通结果来判断沟通的效果，而对沟通的氛围、过程和其他衍生状态都不重视，只关注显而易见的"口服"，而不关注对方有没有"心服"。如果员工在心里不服气的状态下去加班，很可能会在工作中造成不该有的内耗，或者对工作应付了事，不愿意认真完成，甚至对领导产生不满，有抵触情绪。这样的沟通虽然从结果上实现了表面的沟通意图，但远远没有实现成功沟通。

二、情感的认同——心服

在沟通中，仅仅让对方接受我们的要求是远远不够的，让对方心悦诚服才是我们在沟通时要达到的目标。

如果在沟通中能使对方产生思想上的共鸣，彼此碰撞出激烈的火花，就表明你的话打动了对方，触动了对方的心弦。你就能很容易地与对方建立良好的关系，达到沟通目的。

知行合一

青年科学家的故事

某青年年少时就立下雄心壮志，要在科学研究方面有所成就。

他对父亲说："父亲，我想问您一件事，是什么促成了您同母亲的婚事？"

"我爱上了她。"父亲平静地说。

青年又问："那您有没有中意过别的女人？"

"没有，孩子。家里的人要我娶一位富有的女士，可我只钟情于你的母亲。她从前可是一位风姿绰约的姑娘。"

青年说："您说得一点儿也没错，她现在风韵犹存。您不曾中意过别的女人，因为您爱她。您知道，我现在也面临着同样的处境。除了科学以外，我不可能选择别的职业，因为我喜爱的正是科学，别的职业对我而言毫无用途，也毫无吸引力。科学是我唯一的需要。我对她的爱犹如对一位美貌女子的倾慕。"

父亲说："像倾慕女子那样？你怎么会这样说呢？"

青年说："没错，亲爱的父亲，我已经18岁了。我不曾与人相爱，我想今后也不会。别的人都想寻求一位标致的姑娘作为终身伴侣，而我只愿与科学为伴。"

父亲没有说话，仔细地听着。

青年继续说："亲爱的父亲，为什么您不能支持我实现自己的愿望呢？我一定会成为一位杰出的学者。我能够以此为生，而且比别人生活得更好。"

就这样，青年最终说服了父亲，并通过努力实现了自己的理想，成了一名伟大的科学家。

分析：青年在讲述自己对科学的热爱时，提到了父亲对母亲的爱，让父亲产生情感上的共鸣，从而说服了父亲。

小结与思考

沟通中，我们需要既让对方接受我们的要求，又能让对方心悦诚服，这样才能算作沟通成功。你有哪些方法和技巧，可以让对方口服心服呢？

第四节 沟通的障碍与消除

沟通漏斗是沟通中一种常见的现象。沟通漏斗呈现的是沟通中信息由上至下逐渐减少的趋势，如图1-3所示。如果一个人心里的想法有100%，当他在众人面前，或者在开会的场合用语言表达心里100%的想法时，说出来的只剩下80%了。当这80%的内容进入别人的耳朵时，由于文化水平、知识背景等关系，被人听到并记住的可能只剩下60%了。而这其中真正被理解的大概只有40%。等到这些人遵照领悟的40%的内容具体行动时，能够辅助行动的就变得更少了。这中间是哪些障碍造成了沟通漏斗现象呢？

> 你想表达的
> 你表达出来的
> 别人听到的
> 别人理解的
> 别人执行的

图1-3 沟通漏斗

一、沟通障碍的产生

沟通中可能会出现的障碍，可以分为来自信息发送者的障碍和来自信息接收者的障碍两类。来自发送者的障碍主要包括目的不明、表达不清和选择失误，来自接收者的障碍主要包括过度加工、心理障碍和思想差异。

沟通的障碍与消除

1. 目的不明

目的不明是指发送者不清楚自己到底要向对方倾诉什么或阐明什么。发送者在沟通前必须有明确的目的，即"我要通过什么通道向谁传递什么信息并达到什么目的"。简单来说，沟通无非就是人与人之间通过对话、交谈，寻找共识，消除隔阂，最终解决问题，达成一致。其中，"沟"是方法，而"通"是目的。但有趣的是，很多人在沟通中常常自说自话，有时你甚至会发现，对方坐在你面前喋喋不休，你却不知道他到底要表达什么，这就是信息发送者的沟通目的不明造成的。

2. 表达不清

表达不清是指发送者口头表达时口齿不清、语无伦次、闪烁其词，或者文字表达时词不达意、文理不通、字迹潦草。这些都会造成接收者无法了解发送者所要传递的真实信息。

初识沟通

很多时候我们都不能准确地表达自己的感受，而只是一味地说出自己的看法。

知行合一

准确表达感受

晚上10点你正准备睡觉，楼上突然传来一阵叮叮咣咣的搬东西声，你忍无可忍，上楼去找他们，希望他们马上停止。

一般你会这样说：

"现在都半夜了，你们搬东西制造这么大声音，不知道会打扰别人休息吗？"

"你们这么晚搬东西，也不顾别人是不是需要休息，太没公德心了！"

分析：很明显，你对这件事有强烈的感受，但在与对方沟通时，你却没能表达出自己的真实感受，只是在指责。如果对方是个不讲理的人，你们之间很可能会爆发一场争吵。怎样改进呢？

"你们在搬东西吧？这让我感觉有些吵。"

"你们一定要今晚搬的话，如果能够轻一点儿，我觉得可能更好。"

不要以为快言快语就是好口才，事实上在快言快语下很容易出现口误。逢人逢事未思先语，其结果自然正误难料。所以我们应该谨慎地选择表达用语，先思后言，口齿清晰，避免造成沟通障碍。

3. 选择失误

选择失误包括时机选择失误、场合选择失误、通道选择失误。选择的依据还是沟通的内容和明确的沟通目的。沟通内容应该适合当时的场合和时机。如果掌握不好时机，不论内容如何精彩，也无法达到有效沟通的目的。通道的选择也很重要，有些事情适合当面沟通，有些事情可以电话沟通，而有些事情就必须书面沟通，并且留存证据。我们要根据沟通的内容和目的选择合适的通道。

 初心不忘

把握说话时机

孔子在《论语·季氏篇》中说："言未及之而言谓之躁，言及之而不言谓之隐，未见颜色而言谓之瞽。"这句话的意思是"不该说话的时候说，叫作急躁；应该说话的时候不说，叫作隐瞒；不看对方的脸色变化便信口开河，叫作闭着眼睛瞎说"。

分析：以上三种问题都是没有把握好说话的时机，或是没有注意到说话的策略和技巧而导致的。说话要把握时机，该开口时才开口。

4. 过度加工

过度加工指的是接收者在信息交流过程中，有时会按照自己的主观意愿，对信息进行"过滤"和"添加"。比如，医生说"手术成功率大概在80%，有一定的风险。"乐观的人就会理解为手术没问题，悲观的人就会觉得风险还是很大的。

5. 心理障碍

心理障碍指的是接收者曾经受到过伤害或有过不良的情感体验，形成"一朝被蛇咬，十年怕井绳"的心理定式，就会拒绝甚至抵制信息。比如，某人网购时有过不良的售后服务体验，当别人说网购服务好，退款无忧时，他可能就会产生抵触情绪。

6. 思想差异

思想差异指的是由于接收者认知水平、价值标准和思维方式上的差异，造成沟通障碍。比如，一个工程师和工人讲科学原理，工人受知识水平的限制，是很难理解的；但工程师讲具体的操作方法，工人就容易理解了。

二、消除障碍的方法

1. 明确沟通的目的

沟通双方在沟通之前必须弄清楚沟通的真正目的是什么，动机是什么，要对方理解什么。确定了沟通的目的，沟通的内容就容易规划了。任何一场沟通都要具备明确的目的，目的是成功沟通的起点和终点。双方只有围绕这个目的沟通，才能不偏离主题，不忘记初心。

 初心不忘

时刻牢记沟通的初衷

做家务是一项不可或缺的劳动技能，洗碗是家务中比较简单，孩子容易掌握的。家长往往会在饭后让孩子洗碗，以培养孩子热爱劳动的意识。

晚饭后，爸爸让孩子去洗碗。没多久就听到厨房里一摞碗摔碎的声音，爸爸大声责备孩子。妈妈听见了，出来制止爸爸，说："我们是在培养孩子的劳动意识。"

分析：爸爸听到碗碎了就责备孩子，是忘记了他的初衷是培养孩子的劳动意识，而不是让孩子把碗洗干净。沟通的过程中也要时刻记得沟通的初衷是什么，不要因意外而影响情绪，忘记沟通目的。

2. 尊重别人的意见和观点

在沟通过程中，要试着去理解别人的思维架构，并体会他的看法。有效的沟通不是斗智斗勇，更不是辩论，而是真正去了解他人。和人抬杠，自己难免吃亏。一般情况下，抬杠的结果是双方比以前更相信自己的观点是正确的。即使赢了争论，你也伤了对方的自尊，对方会对你产生怨恨之情。

人与人相处时，如果彼此意见相左，应该先放下自己的看法、意见，以包容的态度去倾听对方真正的想法，再看自己的想法与对方想法之间的差异。然后，依据自己对对方的了解，以其能理解及接受的语言模式来表达自己的看法。

尊重说话者的观点，可以让对方知道虽然我们不一定赞同他的观点，但是我们很尊重他的想法。

要做到尊重别人的观点，首先自己要大度，能忍让他人，能宽容他人，能求同存异，少计较个人得失，多考虑大局。

初识沟通

知行合一

求同存异

有这样一个小故事。兄弟俩外出打猎，看见远处飞来一只大雁，两人就拉弓搭箭准备射雁。

哥哥说："现在的雁肥，射下来煮着吃。"

弟弟反对："大雁还是烤了吃，又香又酥。"

哥哥急了："我说了算，就是煮着吃！"

弟弟也不让步："这事儿该听我的，非烤不行！"

两人争执不下，一直吵到村里的长辈面前。老人家给他们出了个主意：射下来的大雁，一半煮着吃，一半烤着吃。两人都同意了。但等到他们再回去射雁的时候，那只大雁早已飞得无影无踪了。

分析：无谓的争论除了破坏感情外，毫无意义。带有执念的、明显攻击性的争吵，就像恶魔一样，吞噬着人们之间的感情。争论双方因固执地坚持自己的观点而争吵得面红耳赤、难分胜负，往往为芝麻大的事钻牛角尖，结果两败俱伤（大雁为国家二级保护动物，非法捕杀或吃大雁的将被追究刑事责任）。

你的看法也许很正确，但不能因此就认为别人的看法不正确。坚持自己的意见与尊重别人的意见不是矛盾的。

 初心不忘

人不知而不愠

子曰："学而时习之，不亦说乎？有朋自远方来，不亦乐乎？人不知而不愠，不亦君子乎？"（出自《论语》第一篇《学而》）

明代朱衮在《观微子》中说过："君子忍人所不能忍，容人所不能容，处人所不能处。"动辄发怒使性子的人，最终毁掉的不仅是自己的风度，还包括自己的前途。

分析：我们生活在社会群体中，人与人之间发生矛盾、产生误解是常有的事。关于如何处理好这方面的问题，我们的祖先留下了许多闪光的思想和可供借鉴的经验。

3. 考虑沟通对象的差异

发送者必须充分考虑接收者的心理特征、知识背景等状况，以此调整自己的谈话方式、措辞或服饰、仪态，要避免以自己的职务、地位、身份为基础去进行沟通。假如你是技术人员，在与其他员工沟通时，你就要尽量避免使用过多的专业词汇，否则其他人不仅听不懂，还会觉得你故意炫耀。沟通对象的认知取决于其教育背景、生活环境、过去的经历以及他的情绪等因素。如果没有意识到这些问题，用对方无法理解的语句来表达意见，只会让对方思路杂乱，那样的沟通将是没有成效的。

4. 充分利用反馈机制

沟通中，来自对方的反馈非常重要。人们对其他人说话的时候，总会期望得到某种反馈。

有了对方的反馈，人们才能感受到自己被尊重、被重视。只有通过反馈，确认接收者接收并理解了发送者所发送的信息，沟通过程才算完成。反馈的方式多种多样，发送者可以通过提问或倾听的方式来获得反馈信息，也可以通过观察对方的反应、表情、行为的方式来获得反馈信息。

知行合一

沟通中常见的反馈类型

1．无声（肢体语言反馈）：适时点头、凝视对方，偶尔触碰对方的上臂或肩膀表示理解或认同。

2．有声："嗯""哦""好""明白"。

3．想知道后续："然后呢？""接下来呢？""后来怎么样了？"

4．表示吃惊："啊？""真的假的？""怎么会这样？"

5．表示高兴："太好了""太棒了""非常好"。

6．表达同理心："能体会""确实""我也遇到过"。

5. 学会积极倾听

积极倾听要求沟通双方站在对方的立场上，从对方的思维架构去理解信息。一般来说，要做到积极倾听，需要遵循以下四项基本原则：专心、移情、客观、完整。专心就是指要认真倾听对方所要表达的内容及其细节。移情就是指在情绪和理智上都能与对方感同身受。客观就是指要切实把握沟通的真实内容，而不是迅速地加以价值评判。完整就是指要对沟通的内容有完整的了解，而不是断章取义。

6. 注意非语言信息

非语言信息往往比语言信息更能打动人。因此，如果你是发送者，你必须确保你发出的非语言信息能起到强化语言信息的作用。如果你是接收者，你就要密切注意对方的非语言提示，从而全面理解对方的意思和情感。高明的接收者精于察言观色，窥一斑而知全豹。

非语言信息是高度可信的。当语言信息与非语言信息相矛盾时，非语言信息更可信。比如，当一个员工在回答领导的问题时，眼神飘忽不定，领导可能会怀疑该员工是否在讲实话。尽管我们会试图伪装，但事实上有很多非语言信息我们是无法掩盖的。我们可能会写出或说出具有说服力的假话，但很难用非语言行为去表现这类假话。

知行合一

非语言范畴

在一系列早期的针对非语言沟通的研究中，研究人员归纳出了非语言沟通的三个基本范畴。

手语。如搭车者伸出其手指一样的简单手势，或者如聋哑人使用的整套复杂的手语一样的复杂手势均属于手语范畴。

> 行为语言。一些非专门用于沟通的行为也是非语言的一部分。例如，走路的基本功能是使我们从一个地方到达另一个地方，但是当我们决定起身离开某个场合时，走路也可以传递信息。
>
> 物体语言。所有的物体——从珠宝、服装和化妆品到汽车、家具和艺术品——凡是我们日常生活中使用的都可以被视为物体语言。不管有意还是无意，这些东西，包括我们自己的身体，都可以传递信息。

7.保持积极健康的心态

人的情绪和心态对沟通过程和结果具有巨大的影响，过于兴奋或者失望的情绪易造成误解。每个人都喜欢和阳光、快乐的人交往，因为他们往往能带给大家欢声笑语。沟通双方在沟通前要调整各自的心态和情绪，做到心平气和，这样才能客观地沟通。

| 小结与思考 |

来自发送者的障碍有目标不明、表达不清和选择失误，来自接收者的障碍包括过度加工、心理障碍和思想差异。消除沟通障碍的方法有明确沟通的目的，尊重别人的意见和观点，考虑沟通对象的差异，充分利用反馈机制，学会积极倾听，注意非语言信息，保持积极健康的心态。消除沟通障碍与和谐社会发展有什么联系？

实操训练

任务一：单向沟通与双向沟通

实训活动：折纸。

实训目的：感受单向沟通与双向沟通。

实训道具：折纸。

实训过程：

第一阶段

1.将学生分成多个小组，选出小组组长。

2.小组组长给小组内每位成员一张折纸。

3.大家闭上眼睛，不允许提问。

4.小组组长发出指令："把纸对折，再对折，再对折，撕掉左上角，旋转180度，撕掉右上角。"

5.大家睁开眼睛，展开纸张。

第二阶段

请一位成员重复上述指令，不同的是这次学生们可以问问题。

实训反思：

1.第一阶段为什么有这么多不同的结果？

2.第二阶段为什么仍会有误差？

3.通过完成实训任务，你得到什么关于沟通的启示？

任务二：沟通反馈

实训活动： 走路。

实训目的： 理解沟通过程中正确反馈的重要性。

实训准备： 在地上贴点或画点，如图1-4所示。

图1-4 贴点方式

实训过程：

1. 请三位同学站在教室外面不能看到教室内情形的地方。

2. 与教室内同学商定在这几个点间的行进路线。

3. 请第一位同学进来，让他在点中行走，要求下面的同学没有任何反应。

4. 请第二位同学进来，当他路线走对了，其他同学鼓掌；走错了，其他同学发"嘘"声。

5. 请第三位同学进来，当他路线走对了，其他同学发"嘘"声；走错了，其他同学鼓掌。

6. 其他同学观察三位同学在过程中的表现，看哪一位同学走对了。

实训反思：

1. 第一位同学没有得到反馈，过程中表现如何，结果如何？

2. 第二位同学得到的都是正确反馈，过程中表现如何，结果如何？

3. 第三位同学得到的都是错误反馈，过程中表现如何，结果如何？

4. 通过完成实训任务，你得到什么关于沟通的启示？

任务三：沟通的障碍与消除

实训活动： 你说我做。

实训目的： 感受沟通过程中的障碍和障碍消除。

实训准备： 搭建模型用具。

实训过程：

1. 教师事先用积木做好一个模型，然后将学生分成若干组，每组6～8人为宜。

2. 每组讨论3分钟，分成两队，分别为指导者和操作者。

3. 请每组的操作者暂时到教室外面等候。

4. 教师拿出做好的模型，让每组剩下的指导者观看（不能拆开），并记录下模型的样式。

5. 指导者看完后，将模型收起，请操作者进入教室，每组的指导者将刚刚看到的模型描述给操作者，由操作者搭建一个一模一样的模型。

6. 教师展示标准模型，用时少且出错率低者获胜。

7. 让指导者和操作者分别将自己的感受写在纸上，进行交流探讨。

实训反思：

1. 作为指导者的你，体会到什么？身为操作者的你呢？

2. 当操作者没有完全按照你的指导去做的时候，身为指导者的你有什么感觉？当感觉到没能完全领会指导者意图的时候，身为操作者的你有什么感觉？

3. 当看到最后的作品与标准模型不一样时，你们有什么感受？

4. 你觉得实训中的沟通障碍在哪里？

5. 通过完成实训任务，你得到什么关于沟通的启示？

任务四：撰写沟通方案

任务描述： 职场新人怀着对未来职业生涯满满的信心走进职场，却在和领导的第一次沟通中遭遇失败。请你分析她沟通失败的原因，并且根据案例的情况，为她写一份沟通方案，填入表1-1。

案例：职场新人的沟通困境

小A是一个热情和直率的女孩，有什么说什么，总是愿意把自己的想法说出来和大家一起讨论，正是因为这个特点，她在上学期间很受老师和同学的欢迎。今年，小A从商务管理专业毕业。她认为，自己不但掌握了企业管理专业知识，而且具备了较强的人际沟通能力，因此，她对自己的未来期望很高。

经过将近一个月的反复投简历和面试，在权衡了多种因素的情况下，小A最终选择了一家公司的行政人力管理部门。她认为自己专业对口，施展才能的空间很大。但是，到公司实习一个星期后，小A就陷入困境中。

原来，该公司是一个典型的小型家族企业，企业中的关键职位基本上都由老板的亲属担任，其中充满了各种裙带关系。尤其是老板安排了他的大儿子担任行政人事经理，而这个人主要负责研发工作，根本没有管理理念，更不用说人力资源管理理念，在他眼里只有技术最重要，公司只要能赚钱，其他的一切都无所谓。小A认为越是这样就越有自己发挥能力的空间，因此，在到公司的第五天，小A拿着自己的建议书走向直接上级的办公室。

"王经理，我到公司已经快一个星期了，我有一些想法想和您谈谈，您有时间吗？"小A走到经理办公桌前说。

"来来来，本来早就应该和你谈谈了，只是最近一直扎在实验室里就把这件事忘了。"

"王经理，一个企业，尤其是处于上升阶段的企业，要持续发展，必须在管理上狠下功夫。我来公司已经快一个星期了，据我目前对公司的了解，我认为公司主要的问题在于：职责界定不清；员工的自主权力太小，致使员工觉得公司对他们缺乏信任；员工薪酬结构和水平的制定随意性较强，缺乏科学合理的基础，因此薪酬的公平性和激励性都较弱。"小A按照自己事先所列的提纲开始逐条向王经理叙述。

王经理微微皱了一下眉头说："你说的这些问题我们公司确实存在，但是你必须承认一个事实，我们公司在赢利，这就说明我们公司目前实行的体制有它的合理性。"

"可是，眼前在发展并不等于将来也可以发展，许多家族企业都败在管理上。"

"好了，那你有具体方案吗？"

"目前还没有，这些还只是我的一点想法而已，但是如果得到了您的支持，我想方案只是时间问题。"

"那你先回去做方案，把你的材料放这儿，我先看看，然后给你答复。"说完王经理的注意力又回到了研究报告上。

小A此时真切地感受到了不被认可的失落，她似乎已经预测到了自己第一次提建议的结局。

果然，小A的建议书石沉大海，王经理好像完全不记得建议书的事。小A陷入了困惑之中……

表1-1 沟通方案

沟通方案事项	策略选择
明确沟通目的	
选择沟通方式	
选择沟通时机和场合	
沟通对象的特点及爱好	
找出沟通切入点	
唤起沟通对象的情感共鸣	
沟通措辞的注意事项	
沟通态度的注意事项	

实训项目评价：学生小组针对案例分析讨论，对每个成员的沟通方案进行评价，并完成表1-2。

表1-2 沟通方案评价表

评价指标	分值	得分
沟通目的合理性	10	
沟通方式合理性	10	
沟通时机和场合合理性	20	
沟通对象的特点及爱好准确性	10	
沟通切入点可操作性	10	
唤起沟通对象情感共鸣的能力	20	
沟通措辞注意事项全面性	10	
沟通态度注意事项全面性	10	
总分	100	

初识沟通

学习检测

一、单选题

1. 语言沟通包括口头沟通和（ ）。

　A. 短信沟通　　　　B. 电话沟通　　　　C. 书信沟通　　　　D. 书面沟通

2. 沟通的过程要素包括（ ）、通道、（ ）、噪声和反馈。

　A. 编码 译码　　　B. 译码 编码　　　C. 编码和译码 背景　　　D. 传送 背景

二、多选题

1. 下列哪项属于沟通背景？（ ）

　A. 物理背景　　　　B. 文化背景　　　　C. 心理背景　　　　D. 社会背景

2. 领导开会时宣布了对你的调动通知，你事先并不知情，会上你感到非常惊讶，而且新的工作岗位你完全不感兴趣。下列做法比较合适的有（ ）。

　A. 当即和领导沟通，提出反对意见

　B. 会后和领导沟通，说明不想调动的理由

　C. 接受工作安排，领导让干什么就干什么

　D. 暂时接受工作安排，寻找合适的机会和领导沟通

三、判断题

1. 译码是发送者将信息意义符号化，编成一定的文字等语言符号及其他形式的符号。（　　）

2. 文化背景指的是沟通双方长期以来的文化积淀，包括价值取向、思维模式、心理结构等。（　　）

3. 噪声是指妨碍信息沟通的任何因素，并不是单纯地指声音。（　　）

4. 沟通时听、说、问三种行为有机结合，才能实现沟通目的。（　　）

5. 情绪失控使人的编码和译码能力都受影响，所以影响沟通效果。（　　）

6. 反馈是接收者将信息返回给发送者，并对信息接收的是否准确进行核实。所以反馈只能由接收者发起。（　　）

7. 文字沟通的一大优点是可追溯。（　　）

8. 沟通漏斗呈现的是一种沟通中信息由上至下逐渐减少的趋势，所以人们无能为力。（　　）

9. 技术人员在与其他员工沟通时，要尽量使用专业词汇，否则其他人会觉得你不专业。（　　）

10. 发送者在发送信息之前必须有明确的目的，即"我要通过什么通道向谁传递什么信息并达到什么目的"。（　　）

四、简答题

1. 简述传统沟通和互联网沟通的各种沟通方式。

2. 简述沟通的过程模式。

3. 简述成功的沟通要达到的效果。

4. 简述沟通障碍有哪些，如何消除。

五、思考题

礼贤下士，沟通需要充分了解和尊重

《三国演义》的故事家喻户晓，其中也有很多沟通的成功案例。刘备占领长沙郡后，收服老将黄忠就运用了很多沟通技巧。

刘备见到黄忠时，黄忠正在射箭。刘备："在下刘备，拜见黄老将军。"

黄忠："此地无茶，到屋里请吧。"

刘备说："不妨，就在此地跪坐着谈。"

于是刘备和黄忠开始了谈话。在谈话的过程中，黄忠以年老、厌倦征战为由，拒绝了刘备请他相助的邀请。而刘备是这样说服黄忠的。刘备说："黄将军，您不老，您仍然很善战，您更是没有厌倦这样的生活，为何呢？您看，首先，将军的名字是'黄忠'，'忠'字就代表您的忠贞和忠义。您字'汉生'，意为为大汉而生，而此时大汉仍然在动荡中，所以您肯定不会厌倦征战。其次，您和我的二弟关羽大战三百回合仍然没有分出胜负，关羽一直在赞您很勇猛，要是他在您这个年龄肯定不是您的对手；而我的三弟张飞和大将赵云也大赞您的箭法非常好，就连他们二人也自叹不如，这也说明您宝刀不老啊！"

1. 刘备在说服黄忠时运用了哪些沟通技巧？

2. 这些技巧对于现代团队管理者有什么可以借鉴之处？

第二章
沟通技巧

2

学习目标 ─────────────

【知识目标】

- 能说出倾听的层次，描述不同倾听层次的特点和优缺点。
- 能说出基本的表达技巧，各种提问方式的特点和适用条件。
- 能说出仪容礼仪、服饰礼仪和体态礼仪的基本要求。
- 能说出面对不同沟通对象应该保持的沟通距离，称呼和握手礼仪的基本要求。

【能力目标】

- 能在实际情景中，克服倾听障碍。
- 能根据沟通对象的特点，选择说什么和怎么说。
- 能根据实际情况，选择合适的提问方式。
- 能根据场合运用仪容礼仪、服饰礼仪和体态礼仪。
- 能根据沟通对象把握沟通距离。
- 能正确使用称呼、握手礼仪。

【素养目标】

- 通过学习沟通技巧，可以促进人与人之间的相互理解、互相尊重，建立和谐的人际关系。
- 通过不断地读书学习来提升自己的形象气质。

知识梳理

第一节　基本沟通技巧

前文已经介绍了沟通的基础，接下来将介绍沟通的基本技巧，具体包括倾听技巧、表达技巧和提问技巧。

一、倾听技巧

为什么上天赋予我们一张嘴，却给了我们两只耳朵？那是因为会听比会说更重要。请注意，这里所说的听和听音乐这类行为截然不同，而是在保持沉默的时候，也参与到了沟通之中。

倾听在沟通中有非常重要的意义，同时也是个艰难的任务，主要有以下几点原因。

第一，倾听具有目的性。一位训练有素的沟通者在对话中清楚地知道自己需要达到什么目的。

第二，倾听需要受控。就算你在交流中是接收方，你也需要控制并过滤所吸收的信息，以达到自己的目的。

第三，倾听需要全身心投入。当你带着目的去倾听时，在对话中你必须保持敏锐的洞察力，这样才能提出正确的问题，在适当的时机插话，从而有效地推动对话的进程。

第四，倾听是决策的前端。倾听是可靠、有效的，让你知道该做出什么样的判断。

1. 倾听的层次

倾听由低到高分为五个层次：心不在焉地听，被动消极地听，选择性地听，主动积极地听，设身处地地听。

第一层次：心不在焉地听。

心不在焉地听即倾听者心不在焉，几乎没有注意讲话者所说的话，心里考虑着其他的事情。一种情况是倾听者对谈话内容完全不感兴趣；还有一种情况是，倾听者内心只想着辩驳，迫不及待地想要说话。这种层次的倾听往往对沟通有消极作用。

第二层次：被动消极地听。

被动消极地听是人们听取他人观点的一种普遍方式。在这种方式下，倾听者不表达，也很少给出语言上的反馈。被动倾听者与讲话者经常有目光接触，但是面部没有明显的表情，偶尔点头，口头回应也只是"嗯""哦"等，没有实质性的内容反馈。这种倾听者虽然在跟着讲话者的思路，但是却只能给出很少的信息以促进谈话。讲话者会怀疑倾听者是不是真的愿意听，或者是否理解了其所表达的信息。

第三层次：选择性地听。

选择性地听是指倾听者想听的时候才听。当听到想要听的信息时，倾听者就会成为一个非常投入和理解力很强的听者；当听到不想听到的信息时，倾听者就会不理睬讲话者。也就是说，倾听者在倾听过程中的表现不一致。这种倾听阻碍了倾听者听取完整的信息，会造成断章取义等误解。有时表现为讲话者还没有说完倾听者就开始插话，表示反对，或者问一个自己感兴趣的问题，打断了讲话者的话。

前三个层次都会对沟通造成障碍，应该尽量避免。除了这三种倾听以外，倾听者的心理定式和所处环境也会造成倾听障碍。心理定式指思想中有意或无意的偏见，使倾听者很难客观地接收讲话者的信息。另外环境嘈杂也会影响信息传递和双方的心情，从而影响沟通效果。

第四层次：主动积极地听。

倾听者主动积极地听讲话者所说的话时，能够完整地获取讲话内容。当用这种方式倾听时，倾听者常表现为与讲话者有稳定的目光接触，表现出感兴趣和诚恳的面部表情，点头表示理解，同时提供简单的口头信息，如"明白了""好的""是的"等来鼓励讲话者。倾听者还会提出问题以获得更多的信息。

第五层次：设身处地地听。

设身处地地听，不是一般的听，而是用心去听，这是一个优秀倾听者的典型特征，也叫同理心倾听。这种倾听者不急于做出判断，而是感受讲话者的情感，能够设身处地地看待事物，总结接收的信息，询问而不是质疑讲话者。这种倾听的宗旨是带着理解和尊重积极主动地倾听。这种倾听是注入感情的。

主动积极地听，是正确的倾听方式，设身处地地听，是倾听的最高层次，倾听的宗旨是带着理解和尊重积极主动地倾听。

2. 倾听的技巧

一个会倾听的沟通者，会把注意力放在对方身上，不会因为周围的事物或自己的想法而分心走神。一个会倾听的沟通者，不只是听听而已，还要表现出很感兴趣的样子，身子微微前倾，偶尔点点头，回应几声，以表示正在听。当对方讲话时，倾听者保持缄默是不合适的，需要偶尔问个问题，就对方所讲的内容发表看法。一个会倾听的沟通者还会积极响应对方，眼睛偶尔由兴趣盎然而发亮；会巧妙地响应对方的动作，当对方微笑、皱眉、点头及发出笑声时，也能做出回应。

知行合一

理解话外之音

用心倾听，不只是听对方说什么，还要理解对方的话。意思是说你在倾听时要问些可以弄清事实的问题。所谓对话，就是要有来有往，因此你必须就你们交谈的话题说说自己的想法。试试下列的句式。

"同样的意思，你是……"

"我理解得对不对？你是认为……"

"能举个例子吗？"

"你能再说一下×××吗？"

"嗯，但是如果每次都……"

"看起来你很提倡这件事！"

"你对这件事真的很认真，不是吗？"

归纳对方的重点，注意不是像鹦鹉学舌一样，而是以自己的话来复述。

在对方讲完话后，留一点儿时间，以便对方还有话时补充。在聊天中适时提一提此前提过的内容，表示你听进去了他们所讲的话。要有耐心，如果对方在寻找合适的字眼，讲话吞吞吐吐或犹豫不决时，要给他们整理思绪的时间。要有同理心，把自己融入讲话者的情境，设身处地地体会他们的感受。

二、表达技巧

沟通中表达的技巧实际上就是解决两个问题：第一，说什么；第二，怎么说。而要解决这两个问题，最重要的就是先弄清楚沟通对象。

1. 话题选择

我们在沟通中要根据沟通对象的特点，选择说什么和怎么说。这里的特点包括沟通对象的性别和性格、身份、年龄、兴趣爱好、心理需求。比如，你向一位老年人推销东西，你会选择推销什么？根据他的年龄，老年人往往注重健康，向其推销一些保健品比较合适；再根据他的心理需求，除了注重健康，老年人往往还特别喜欢别人夸他的孩子孝顺，推销的过程中注意这一点更容易成功。

知行合一

投其所好

有个青年想向一位老中医求教针灸技巧，为了博得老中医的欢心，他在登门求教之前做了认真细致的调查。他了解到老中医平时爱好书法，于是浏览了一些书法方面的书籍。起初，老中医对他态度冷淡。当青年发现老中医书案上放着写好的一幅字时，便边欣赏边说："老先生这副墨宝雄劲挺拔，真是好字啊！"对老中医的书法予以赞赏，促使老中医产生愉悦感和自豪感。接着，青年又说："老先生，您这写的是唐代颜真卿所创的颜体吧？"这样，就进一步激发了老中医的谈话兴趣。果然，老中医的态度转化了，话也多了起来。然后，青年对所谈话题着意挖掘，环环相扣，使老中医精神大振，谈锋甚健。最后，老中医欣然收下了这个弟子。

分析：青年在表达上，充分考虑到了沟通对象的特点，投其所好，收到了良好的沟通效果。

我们在了解了沟通对象的特点后，在选择话题时，还有一些注意事项。

首先，对于你不知道的事，不要冒充内行。如果话题是自己不擅长的，可以给对方展示的机会，低姿态也能博得好感。

其次，不要夸耀自己。人们还是喜欢谦虚的人，要把夸自己的话留给别人说。

最后，不要谈论朋友的隐私，不要谈容易引起争执的话题，不要到处诉苦。沟通时要让对方如沐春风，压抑的话题说多了会影响对方的情绪。

2. 时机选择

注意说话的时机和场合。比如，领导在会上给你指派了工作，你不想干，你会在会上提出反对吗？除非你真不想干了。你可以等散会，私下和领导单独沟通，说明你不想干的理由。说话时要情理相融，以理服人，还要以情动人，让领导觉得你的理由可以理解。

知行合一

汉武帝与乳母

汉武帝刘彻有位乳母，在官外犯了罪，被官府抓了，并禀告了汉武帝。汉武帝心中十分为难，毕竟她是自己的乳母，滴水之恩当涌泉相报，何况自己是她用乳汁养大的，但是，天子犯法与庶民同罪，如果不处置她，有失自己作为天子的尊严，以后何以君临天下。思来想去，汉武帝决定以大局为重，依法处置自己的乳母。

乳母深知汉武帝的为人，知道自己凶多吉少，便想起了能言善辩的东方朔，请求东方朔帮自己。

东方朔也颇感为难，他想了想说："办法也有，但必须靠你自己。"

乳母急切地问："什么办法？"

东方朔说："你只要在被带上刑场的时候不断地回头注视皇帝，但千万不要说话，也许还有一线希望。"

乳母虽不解其中玄机，但还是点了点头。

当这位乳母被带走行刑时，她有意走到汉武帝面前向他辞行，用哀怨的眼神注视着汉武帝，几次欲言又止。汉武帝看着她，心里很不是滋味，有心想赦免她，又苦于君无戏言，无法反悔。

东方朔将这一切看在眼中，知道时机已成熟，便走过去，对那位乳母说："你也太痴心了，如今皇上早已长大成人，哪里还会再靠你的乳汁活命呢？你不要再看了，赶紧走吧。"

汉武帝听出了东方朔的话外之音，又想起了小时候乳母对自己的百般疼爱，终不忍心看乳母被处以刑罚，于是法外开恩，将她赦免了。

分析：在某些场合，无声胜有声，不说话反而能收到更好的效果。

3. 表达的逻辑性

表达要简洁、有逻辑。我们可以在谈话开头适当地寒暄，但是不能没完没了地绕圈子，不知所云。话要说到点子上才能起到关键性的作用。所以话并不是说得越多才越有说服力，抓住谈话的关键，才能事半功倍。

知行合一

白门楼斩吕布

《三国演义》中有一段"白门楼斩吕布"的故事。吕布被曹操所擒，曹操考虑到吕布本领高强，有心饶他不死，留下为己所用。为此，他征求刘备的意见。刘备希望曹操处死吕布。这时，刘备本可以列举吕布的很多劣迹恶行，但他仅选择了吕布心狠手辣、恩将仇报、亲手杀死义父的典型事例来说服曹操。刘备只说了句："公不见丁建阳、董卓之事乎？"一句话提醒曹操，吕布反复无常、心狠手辣。于是，曹操下定决心，立斩吕布。

分析：话不在多，点到就灵。这就要求我们在谈话时要做到言简意赅，一针见血。

4. 反话正说

沟通时注意把难听的话说好听。这里并不是不尊重事实，颠倒黑白，而是注重对方的感受，让对方更容易接受。难以启齿的话，不妨用玩笑表达。比如，朋友跟你借钱，你直接说不借可能对方会很尴尬，这时你可以开个玩笑委婉地拒绝。提意见时，要先扬后抑，多提假设。比如，你妈妈炒的菜比较咸，你不要直接说"妈妈你应该少放点盐"，你可以说"妈妈今天这个菜炒得特别好吃，要是盐再少点就更完美了"。这样先扬后抑、提出假设的方式，会让妈妈更容易接受。

5. 把握尺度

我们在沟通时要把握好尺度，留出余地。话不要说过了头，违背常情常理。话不要说得太绝对，可以加点限定语，比如"一般情况下""没有意外的话"。别把话说满，给自己留余地，也让对方觉得可信。要得理饶人，不咄咄逼人，一旦发现对方已经被自己说服，就不要在这个问题上再纠缠。

6. 适当幽默

适当的幽默可以化尴尬为轻松，还能够使气氛更加融洽、和谐。幽默是沟通中的一种奇妙的"润滑剂"。自嘲恰恰是自信的表现，调侃可以活跃气氛，但是一定要注意尺度。

知行合一

一个青年要去一个小城，临行前别人告诉他，那里的蚊子特别厉害。到了之后，正当他在旅馆登记房间时，一只蚊子在他眼前盘旋，这令旅馆服务员尴尬万分。他却满不在乎地说："贵地蚊子比传说中的不知聪明多少倍，它竟会预先看好我的房间号码，以便夜晚光顾饱餐一顿。"一句话逗得服务员哈哈大笑。结果，这一夜青年睡得十分香甜。原来，当天晚上旅馆职员全体出动，驱赶蚊子。

分析：在有些场合，幽默的表达方式比严肃的表达方式更容易被人接受。

表达技巧主要解决两个核心问题，一是说什么，二是怎么说。说什么是根据沟通对象的特点，比如性格、性别、年龄、兴趣爱好、心理需求等选择话题。而说话时要注意：选择合适的时机和场合，情理相融，简洁、有逻辑，注意分寸，善用幽默。

三、提问技巧

一个人是否具有高效的沟通能力，从某种程度上来说是可以判断出来的。在沟通的时候，由于交流双方有不同的经历和经验，所以难免都想要发表自己的意见。在这种情况下，在表达自己的同时，又能融入对方的世界，并巧妙地诱导对方说出真实想法，再延伸到自己表达的内容中，这种沟通是最好的。也就是说，真正的沟通高手不但会在交谈中加入自己的一些经历，还会有技巧地引出对方的经验，唤起对方表达的欲望。而这就需要一种高超的沟通能力——提问能力。

提问技巧

提问能力决定了你在沟通中是否能够占据主动，或者直接影响你的沟通效果。而要想保证沟通的顺畅，你就要尽可能地满足自己和对方的表达需求。因为在聊天时喜欢谈论自己并希望获得别人的认可是人的一种本能。所以，一些乐于倾听并善于提问的人，总能赢得欢心；相反，一些在聊天时总想表现自己足够优秀，或动不动就质疑别人情商、智商、能力的人，要获得喜爱就比较难。

工作中也是如此，如果你的提问是为了让自己当一名好听者，同时协助对方解决问题，那么恭喜你，通常你会拥有比较高效的沟通。下面就不同的提问方式，介绍提问的技巧。

1. 开放性提问和封闭性提问

提问的方式可以分为开放性提问和封闭性提问。我们来看一个保险推销员和客户沟通的例子。如果推销员问"您担心的是什么？"这就是开放性提问，客户可能有很多答案，但是也有可能客户自己也说不出到底在担心什么。如果推销员问"您是否担心承诺难以实现？"这是封闭性提问，推销员将他认为的最有可能的答案提出来，客户只能回答是或者不是：如果回答是，那么这个话题就结束了；如果回答不是，那么推销员就需要追问，提出其他可能的答案，供客户考虑。这样就可以看出封闭性提问和开放性提问的特点。

开放性提问的答案比较宽泛。它的缺点是易跑题，让人无从谈起。封闭性提问限定了答案的范围，有引导性。它的缺点是对提问者的要求高，提问者需要预设出可能的答案。所以根据不同的沟通目的：如果需要收集更多的想法，用开放性提问比较合适；如果想找出确切的信息，用封闭性提问比较合适。

知行合一

下面的各组句子中，第一句是封闭式的，第二句则是开放式的，你可以试着体验其微妙之处。

"你喜欢新办公室吗？"（喜欢/不喜欢）"你是怎样争取到更好的办公室的？"

"你会搬去上海吗？"（会/不会）"你觉得上海怎么样？"

"你喜欢天津吗？"（喜欢/不喜欢）"你最喜欢天津哪里？"

"那会很难学吗？"（会/不会）"我要怎么做才学得会？"

"你喜欢你的工作吗？"（喜欢/不喜欢）"你为什么对这个领域有兴趣？"

"这是个新流程吗？"（是/不是）"你可以说明一下吗？"

2. 明确性提问、相关性提问和选择性提问

提问方式还可以分为明确性提问、相关性提问和选择性提问。

明确性提问指问题已经有明确的答案，回答者只要按照事先已经明确规定的内容回答即可。就像小学考试的简答题，不按标准答案答题就会扣分。

相关性提问指对两件事情间的联系进行提问。比如"××事对你选择职业有什么影响吗？"这个问题就很像考试中的论述题，没有标准答案。这种提问方式往往用于探索内在联系或原因。

选择性提问指提问者提出一系列相互关联的问题，供回答者有选择地回答。比如英语老师问你："这篇阅读你感觉怎么样？难度大吗？生词多吗？好理解吗？"你不需要逐个回答，只要回答你想回答的就可以，而且还可以根据这些问题延伸。比如"难度有点大，生词不多，但是话题比

较陌生"。这种提问方式主要用于鼓励回答者多思考，提供更多的信息。

3. 激励性提问、证实性提问和假设性提问

提问方式还可以分为激励性提问、证实性提问和假设性提问。

激励性提问指提问者运用激励性的语言来提出问题，其目的在于激励对方或给予对方勇气。比如"困难怎么会吓倒你呢？"这种问题主要用于激励士气，并不是真正的询问。

证实性提问指提问者对讲话人的一些讲话内容所进行的提问。比如"您刚才的话的意思是不是……？"这种问题用于确认信息。

假设性提问指提问者运用假设性的语言提出问题。比如"假如您当时在场，您会怎么做？"这种问题往往用于探寻对方不方便直接说出口的内容。

知行合一

质疑式提问会打击对方积极性

当我们想要了解对方的经验时，我们可以用一些问题来诱导对方表达，而在提出问题后，对方也会很愿意说出自己的经历和经验。在这个过程中，如果对方问："那你的情况怎么样呢？""你当时是怎么做的呢？"这时沟通的话题就有了交集，谈话也能更愉快地继续下去。

但也有一些时候，当我们讲述自己的经历或经验时，对方忽然来一句："你怎么能这么做呢？""你为什么不试试那种方法呢？其实那种方法比你这种更好。"这时，我们可能就没了继续讲下去的欲望。

分析： 作为被提问对象，如果不断被别人提出带有质疑性的问题，就像接受盘问，这种感觉一定不那么美妙。而随着问题的不断增多，被提问者甚至会感到自己的能力和人品都遭到了强烈质疑，自尊也会不断受到伤害。很显然，质疑式提问不利于沟通的顺利进行。

这里介绍了每种提问方式的特点，在沟通中我们要根据沟通目的，选择合适的提问方式。提问是为了引发思考、解决问题，给对方展示的机会，而不是要展示自己多有智慧。恰当的提问能促使双方共同探讨，这样的沟通才会高效。

小结与思考

沟通的基本技巧有倾听技巧、表达技巧和提问技巧。在实际沟通中，运用正确的倾听方式，选择表达什么和怎样表达，针对想要获得的信息采用合适的提问方式，是沟通的必修课。

请思考如果你想跟随学校一位著名的教授学习，要如何灵活运用沟通的基本技巧。

第二节 沟通礼仪

请你思考一个问题：当你和一个陌生人开始接触时，你会在多长时间形成对这个人的第一印

象？根据心理学家的发现，人们对他人形成第一印象的时间是非常短暂的，只需要10～40秒。

一般来说30秒就能建立起对一个人的第一印象，一个人的仪表在社会交往过程中是构成第一印象的主要因素，你的仪表会影响别人对你专业能力和任职资格的判断。可见，仪表在沟通中起重要作用。

那么在沟通中，非语言信息占比有多高呢？心理学家发现，人们在交流沟通中，非语言信息占有相当高的比例，包括人的穿着、举止、长相、表情等。在沟通中，语言内容只占7%；仪表包括仪态、表情、衣服色彩、姿势、态度等占比达58%；而声音，包括音调、语气、说话速度、音量等因素，占35%。可见，仪表在沟通中占比非常高。仪表是指人们包括仪容、服饰、风度等一切可感受到的外在形象。在沟通中，应该注意以下几个方面：仪容、服饰、体态和见面礼仪。

一、沟通中的仪容

说到仪容，可能你最先想到的就是长相。长相是天生的，天生丽质固然好，但如果我长得不好看，我就要去美容整形吗？当然不是这样的。

沟通中的仪表

1. 干净整洁

无论长相如何，干净整洁都是最重要的。邋遢的人，是很难给人留下好印象的。

头发干净，同时要注意头皮屑，如果容易掉头皮屑，尽量不要穿深色的上衣；除了眼部的清洁以外，如果戴眼镜还要注意眼镜的清洁；天气干燥时注意防止嘴唇干裂，吃过东西后牙齿上不要有残留物，男士注意及时清理胡须；手是人的第二张脸，要特别注意指甲的清洁，如果女士有长指甲或者涂指甲油，要注意及时修整。

2. 发型

长相可以通过发型进行修饰，为了达到良好的沟通效果，在选择发型时，要考虑自身的特点和沟通对象。

如果属于高瘦型的修长身材，那么女士可以考虑留长发；男士除了艺术工作者，一般不建议留长发。如果身材小巧，那么可以考虑把头发向上盘起来，可以增加视觉高度；如果身材较胖，可以剪成运动式或者轻烫短发，会给人干练、健康的感觉。

在沟通中，不同的沟通对象，不同的沟通场合，也会影响发型选择。比如职场沟通，为了显示出干练，最好把头发束起来或盘起来；私人约会，为了显示出美感，当然可以做各种造型。为了达到更好的沟通效果，沟通对象的喜好也是要考虑的，如果沟通对象年龄较大，较为保守，就不建议选择太前卫的发型。

无论学习中还是工作中，注意仪表是对自己的尊重，也体现了对他人的尊重，互相尊重使生活更和谐、更美好。

二、沟通中的服饰

服饰是一种文化，它反映了一个民族的文化特色，比如不同民族有不同的服饰。同时服饰也体现了物质文明发展的程度。

沟通中的服饰

在社交活动中，人们可以通过服饰来判断一个人的身份、地位，还可以通过服饰猜测一个人的性格、偏好，甚至是文化底蕴，就是通常所说的涵养。就个人来讲，服饰可以突出一个人的仪表、气质，服饰可展示个体内心对美的追求，体现自我的品位。所以服饰是人们的内在美和外在美的统一。

1. 服饰选择和搭配的原则

在沟通中，要想塑造一个良好的自我形象，达到沟通的目标，就要遵守穿着的礼仪规范。虽说每人对服饰的喜好不同，但根据人们的审美观及审美心理还是有一些基本原则可循的。

首先就是服饰选择和搭配的TPO原则。T代表Time，服饰应与交际时间、时尚潮流相适应。比如一年有四季，穿衣就有每个季节的特点。每个时代有每个时代的特色，穿着过于老土或过于前卫，会使对方的注意力都集中在你的穿着上，也是不利于沟通的。P代表Place，服饰应与交际场所、文化习俗相适应。这个可以简单理解为入乡随俗，符合当地人的穿着习惯。O代表Occasion，服饰应与交际对象、环境氛围相适应。比如工作场合穿着就不宜太休闲，参加婚礼就打扮得喜庆一点，这就是与场合气氛相适应。

接下来介绍配色的原则。有一个原则叫作"三色原则"，是指一个人全身色彩不过三种，如果色彩过多会显得比较乱。可以选择同一个色系的搭配，也可以选择相近色搭配。

还有一个原则叫"三一定律"。这是指皮鞋、皮带、公文包这三个皮质的东西，颜色最好统一。

以上是服饰选择和搭配的一些基本原则。

2. 穿正装时的注意事项

在一些比较正式的沟通场合需要穿正装，接下来介绍穿正装时的注意事项。

男士穿正装必须搭配衬衣、皮鞋和领带。衬衣最好是纯色或者暗纹的，不能穿休闲衬衣；皮鞋也必须是正装皮鞋，不能穿休闲鞋和露脚趾的凉鞋；日常工作场合用领带，一些隆重的场合可以使用领结。领口处，衬衣领口高出西装领口0.5～1厘米；袖口处，手臂自然下垂时衬衣袖子应比西服袖子长0.5～1厘米。

女士正装可以选择套裙或长裤，套裙可能更有美感，长裤行动更方便。选择长裤时，臀部和裤管要稍微宽松，不能紧贴在身上。选择套裙时，裙子的长度以到膝为佳，不要太短，搭配丝袜，穿套裙不建议搭配长筒靴。建议女士随身携带一双备用的透明丝袜，以防丝袜拉丝或跳丝。

3. 配饰的搭配

在服饰的搭配中，配饰也是常见的。一般男士的配饰较少，很多男士喜欢戴手表，穿正装时可以佩戴领带夹和袖扣。这里要注意饰品的佩戴要与身份和场合相适应。

女士饰品的种类较多，如项链、耳环、戒指、手链、手镯等。这里要注意两点。第一，饰品佩戴的数量不宜过多。当你和人握手时，五根手指戴了4个戒指，给人的印象也不会太好。第二，浑身上下的首饰最好做到同质同色。比如戒指、项链、耳环都是钻石，或者都是蓝宝石。

"腹有诗书气自华"，好的衣着打扮可以提升形象，但是学习才能提升内涵。

三、沟通中的体态

体态语言是一种用身体姿态来表示意义的沟通形式，比如，人们见面时用点头表示打招呼。

1. 体态语言的作用

体态语言和自然语言相比，有以下几个作用。

替代作用：代替自然语言进行信息沟通。比如点头表示同意，摇头表示反

沟通中的体态

对，等等。

辅助作用：辅助自然语言加强所表达的意思。比如在说"加油"时，握紧拳头，振臂高呼，这就大大加强了所表达的决心。

表露作用：表露出一定的感情和思想活动。比如紧张时会攥紧双手，烦恼时会皱眉。

适应作用：体态语言可以帮助人们适应一定的环境。比如一位青年女子遇到尴尬事感到不适应时，会卷弄辫梢、抚弄衣角来帮助自己缓解尴尬；在路上认错人时不好意思地点头致歉来缓解窘态。

人的一举手、一投足、一弯腰乃至一颦一笑，并非偶然的、随意的，这些行为举止自成体系，像有声语言那样具有一定的规律，并具有传情达意的功能。人们可以通过自己的仪态向他人传递个人的学识与修养，并能够以其交流思想、表达感情。正如艺术家达·芬奇所说："从仪态了解人的内心世界、把握人的本来面目，往往具有相当的准确性和可靠性。"

知行合一

领奖台上"比心"的奥运冠军

2021年7月24日，在东京奥运会女子10米气步枪决赛中，中国选手杨倩以251.8环的成绩拿下本届奥运会的首枚金牌。夺冠后，杨倩高举10斤重的气步枪，眼神坚定而自信，望向中国奥运代表队所在的方向。与此同时，杨倩也不忘与旁边前来道贺的别国运动员握手，让观众看到了运动员的职业素养。

颁奖仪式上，站在领奖台上的杨倩虽然戴着口罩，但是她的眼神中透露出获奖的喜悦。当她看到对面的女孩向她做出"比心"的手势时，站在领奖台上的她也对着镜头双手举过头顶，大方地摆出"爱心"的姿势，充分展现出她的自信与从容。

分析：坚定而自信的眼神、灿烂的笑容及对着镜头"比心"的动作，让外界看到了"00后"奥运冠军的模样。这不仅体现了中国年轻人的朝气，也让人们看到运动员的自信。

2. 体态语言总体要求

运用体态语言，应当力求仪态文明、自然、美观、敬人。

仪态文明，是要求仪态要显得有修养、讲礼貌。比如，不宜在他人面前有挠痒痒、掏耳朵、脱鞋子这类粗野动作；不应在异性面前双腿叉开而坐，或双腿叉开而蹲。

仪态自然，是要求仪态要规矩、庄重、大方。不要装腔作势，也不要脸谱化、戏剧化、言行不一。

仪态美观，是高层次的要求，它要求仪态要优雅脱俗、美观耐看。比如，站要有站相，坐要有坐相，手势要文雅，腿位要适当。在必要的时候注意仪态美观，能给他人留下良好印象。

仪态敬人，是要求避免出现失敬于人的仪态，同时注意使仪态体现敬人之意。例如，在与人交谈时，以手指点对方，跷起二郎腿并以脚尖指向对方乱晃，都是不尊敬人的动作；在同样的情况下，目视对方，面含微笑，不时点头表示理解与支持，则是敬人的仪态。这些都是需要注意的。

3. 常用体态语言

下面具体介绍沟通中常见仪态的注意事项。

站姿。除了日常说的挺胸、抬头、肩平之外，沟通中站立时身体会略前倾，主要是向着沟通对象的方向倾斜，表示出专注，双臂一般是自然下垂的。

坐姿。入座要轻稳，别碰响椅子；坐在椅子二分之一或者三分之二处，不要陷入椅子里，那样显得太随意；双目平视，下颌微收，面带微笑。在交谈的时候，身体可以向对方稍微倾斜，表示对对方说话的内容感兴趣。离座时要求自然稳当。

与沟通对象同行，为了表示对对方的尊敬，可以让对方走在内侧，尤其是上楼梯拐弯时，稍微靠后半步。如果需要共同搭乘电梯，主动按电梯，进出电梯时，伸手为对方挡住电梯门。进出房间主动开关门，请对方先走。

4. 沟通距离

距离有两个含义，一是指心理距离，二是指空间距离。心理距离和空间距离是一致的。亲则近，远则疏。心理距离越近，交际时空间距离也越近；心理距离越远，交际时空间距离也越远。所以，距离是亲密程度的标志，在沟通时，距离也传达着信息。比如亲密的朋友可能勾肩搭背。沟通距离按照由近及远分为：亲密距离、个人距离、社交距离、公众距离，如图2-1所示。

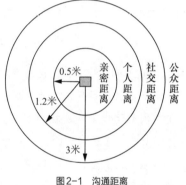

图2-1　沟通距离

亲密距离，在0.5米以内。能在这个距离内出现的人，都是非常亲近的人，比如恋人、父母和子女，或者非常亲密的朋友。如果关系没有这么亲，而出现在这个距离内，会让人不舒服。当然这里所说的亲密距离是基于我们的文化背景的，并且两个摔跤运动员互相搂抱也不表示亲密。

沟通距离与
表情

个人距离，在0.5米到1.2米。这个距离有一定的开放性，很少有身体接触，出现在这个距离内的一般是朋友、熟人、同事，主要是比较熟悉的人。

社交距离，在1.2米到3米。这个距离主要是礼仪性的距离，比如商务谈判，领导找下属谈话，或者老师和学生谈话，招聘面试，等等。一般情况下，这种距离往往是沟通对象之间隔着一张桌子，场合比较正式。

公众距离，在3米以外。3米以外的区域就是任何人都可以出现的。换句话说，如果一个陌生人离你的距离小于3米，就会引起你的警惕。

在人际沟通中，恰当地把握沟通距离，可以起到良好的沟通效果。

5. 目光表情

表情在沟通中起非常重要的作用。俗话说眼睛是心灵的窗户，目光在交流中包含丰富的信息。不同的目光可以表达不同的感情，因此，在不同的交际场合应注意自己的目光给他人的印象。

目光注视的角度可以传递很多信息。目光俯视表达优越与轻慢，往往有看不起对方的意思；目光仰视表达被动与服从，往往有崇拜、崇敬的含义；目光平视表达平等与友善。

针对不同的社会关系，目光可以注视的区域也不同。

公务凝视区域是指以两眼为底线、额中为顶角形成的三角区，也称严肃区。如进行商务谈判时看着对方的额头，会给对方一种心理压力。再如警察审犯人时也是采用这种注视方式。

社交凝视区域是指以两眼为上线、唇心为下顶角所形成的倒三角区。注视这一区域是平视、正视的角度，表示坦诚、平等、自信。如朋友间的注视及社交场合人们之间的注视方式都应如此。

亲密凝视区域是指从唇到胸部之间的区域。此为隐私区、亲密区。一般仅限于夫妻、恋人、家人之间的注视。

心理学家实验表明，交谈时人们互相注视的时间，通常占交往时间的 30% 至 60%。注视时间低于 30% 属于低时型注视，表明对方对说话人或所说的话题没什么兴趣，有时是疲倦、乏力的表现，这时就该转换话题，或者结束谈话。如果注视时间超过 60%，属于超时型注视，表明对方对说话人的兴趣大于交谈的内容。

除了目光，微笑是表情中最能赋予人好感，增进沟通，愉悦心情的表达方式。用微笑对待他人，往往得到的也是热情、温馨的笑容。标准的微笑即露出上排 6 至 8 颗牙齿，表情亲切、友善，配合身体微微前倾，点头示意。

四、沟通中的见面礼仪

仪表、服饰、体态会让对方形成第一印象。在沟通正式开始前，称呼、介绍和握手礼仪也会对沟通产生影响。

1. 称呼

称呼是人们在交往中彼此之间使用的称谓语。在沟通中，称呼是第一步，如何正确地使用称呼呢？在正式场合，称呼他人时应使用敬称；在非正式场合可以适当地变通。

称呼与介绍
技巧

在工作场合，一般的称呼就是姓氏＋职务或者职业。比如日常说的局长、处长、科长、经理、主任等，这都属于行政职务，就可以称呼为李局长、张经理、马主任等。也可以直接用职业来称呼，比如警官、老师、医生等。在不知道姓氏的时候，直接称呼职业也是可以的。在私下的场合，如果你向经理汇报工作，你可以称呼张经理，也可以直接称呼"领导"，这样称呼可以拉近你和领导之间的距离。

对于有专业技术的人，可以用职称来称呼，比如教授、工程师等。

这里要注意，有些人既有行政职务，又有技术职称，则称呼要看场合和需要。比如张教授是学校的领导之一，在行政场合就要称呼张校长，在学术会议上就称呼为张教授。

在社交场合，一般的泛称可以用性别称呼，比如先生、女士。这里要注意，小姐、夫人或太太这样的称呼，会涉及女性的婚姻状况，所以尽量不要使用，用女士来称呼比较妥当。姓名称呼，一般限于平辈之间，或年纪、职务相当的同事之间。长辈称呼晚辈或上级称呼下级也可以直接称呼姓名。

在称呼时，特别要注意，念错了姓氏显得对人不尊重，所以，如果对方姓氏比较少见，可以谦虚地请教，千万不要凭猜测念错了。

2. 介绍

称呼之后，你需要把自己介绍给对方，那么做自我介绍时要注意什么呢？要有意识地抓住重

沟通技巧

点，言简意赅；要实事求是，不可自吹自擂，夸大其词。表情要自然、亲切；目光注视对方，举止庄重大方，态度镇定而充满自信，表现出渴望认识对方的热情。

除了自我介绍，有时还需要为他人做介绍，比如一位教授到公司来讲学，你在机场接到这位教授后要安排他与公司总经理见面。双方见面时你应该先介绍谁？这时你应该先向教授介绍总经理，然后再向总经理介绍教授。为什么呢？在介绍他人时，一般遵循这样一个原则：尊者有优先知情权。也就是说先将职位低者介绍给职位高者，先将男士介绍给女士，先将年轻者介绍给年长者，先将同事介绍给客户。

有些时候，这几条原则发生冲突，比如要为一位年长的职位低的女士和一位年轻的职位高的男士做介绍，应先介绍谁？当所介绍的双方符合两个或两个以上介绍顺序时，在公务场合一般先考虑职位，再考虑年龄，最后考虑性别；在一般社交场合，先考虑年龄，再考虑性别。所以，如果是在工作场合，应该先将女士介绍给男士；如果是在社交场合，要先将男士介绍给女士。

3. 握手

在正式场合的沟通中，人们见面往往采用握手的方式互相招呼。握手广泛应用于现代社会中政治、商务、社交场合。原始社会人们用以防身和狩猎的主要武器就是棍棒和石头。传说当人们在路上遇到陌生人时，如果双方都无恶意，就放下手中的东西，伸开双手让对方抚摸掌心，以示亲善。从此这种表示友好的习惯沿袭下来，成为握手礼，有欢迎、问候、关心、慰问等含义。

握手的标准动作如下。双方距离0.5米到1米，太近了进入亲密距离会让人不舒服，太远了会有种拔河的感觉，大概距离就是两个人都伸出前臂的长度。握手时双腿站直，上身略微前倾，上臂自然下垂，前臂前伸，四指并拢，拇指张开，掌心相握，上下摇晃两三下，力度适中，3至5秒，力度太小显得不真诚，力度大会给对方以压迫感。注意男士与男士握手时握手掌，而与女士握手时只能握手指。握手时嘴上要称呼、寒暄，同时表情要面带微笑。注意目光注视位置，平视表示友好；如果是谈判，可以注视对方的额头，给对方压迫感。

握手时使用右手，握手时左手可以通过不同的动作，表示不同的含义。握手时，左手拍拍对方的肩膀，这是上级对下级或者长辈对晚辈表示鼓励，往往他们嘴上会说"干得不错，继续努力"之类的鼓励的话。握手时，左手拍对方的前臂，这是表示平辈人之间的赞赏。握手时，左手拍拍对方的右手，表示慰问、安慰。比如领导慰问老同志，或者是亲朋好友发生了不幸的事情，以示安慰。

握手应该谁先伸手呢？这里有个原则，叫作尊者选择。尊者可以选择要不要握手，尊者先伸手，才能握手。比如学校的表彰大会上，校长为优秀教师颁奖，怎么握手？上下级之间，明显应该是校长先伸手。朋友的生日会上，蒋小姐遇到王先生，男女之间，应该女士先伸手。路上遇到同事的妈妈，长辈与晚辈之间，应该长辈先伸手。小林去拜访客户，主客之间，一般是迎客的时候，主人先伸手，送客的时候，客人先伸手。

握手及其他打招呼方式

如果遇到多人，比如对方一位领导带着随行人员，那你应该先和领导握手，再和其他人握手。但是如果对方身份、职位不明确，或者对方未按照职位顺序站立，可以按照位置的顺序由近及远逐一握手。

4. 其他打招呼方式

除了握手，日常沟通中还有些其他的打招呼方式。比如拥抱，这种方式早先是西方人使用的，随着文化交流，近些年也逐渐被广泛接受，但是我们往往都是与比较亲密的朋友拥抱。

点头作为打招呼的方式，适合不宜与人交谈的场合，比如图书馆、会场等。或同一场合双方多次相遇，可用点头打招呼。双方相遇时用语言问候的同时也可点头致意。

鞠躬往往表示敬意，比如学生对老师鞠躬。在沟通中，如果觉得对方对自己有很大的帮助，为了表达谢意，深深地鞠上一躬，会显得非常真诚。除此以外，在一些特殊场合，比如婚礼或者葬礼等也会鞠躬。

我国向来以礼仪之邦著称，注重文明礼貌，掌握一些基本的见面礼仪不仅能够在沟通中给对方好感，同时也体现了我国崇尚礼仪的传统。

小结与思考

沟通礼仪在沟通中发挥着重要的作用。仪容、服饰、体态礼仪和称呼、握手等见面礼仪都是最基本的沟通礼仪。

请思考在实际沟通中如何恰当地使用沟通礼仪。

沟通技巧

实操训练

任务一：倾听

实训活动： 倾听练习。

实训目的： 提升倾听技巧。

实训道具： 笔和纸。

实训过程：

教师请大家在白纸上由上至下标出数字 1 ~ 8，将以下 8 个问题的简短答案记在纸上。

1. 我国法律是否规定成年男子不得娶其遗孀的姐妹为妻？

2. 如果你晚上 8:00 睡觉，设定闹钟在早上 9:00 将你叫醒，你能睡几个小时？

3. 在我国，每年 10 月 1 日是国庆节，英国是否也有国庆节？

4. 如果你只有一根火柴，当你走进一间冰冷的房间时，发现里面有一盏油灯、一个燃油取暖器、一个火炉，你会先点哪个来获取最多的能量？

5. 平均一个男子一生可以有几次生日？平均一个女子一生可以有几次生日？

6. 根据国际法规定，如果一架飞机在两个国家的边境坠落失事，那些不明身份的遇难者应当被安葬在他们准备坐飞机到达的国家呢，还是出事的国家？

7. 一位考古学家声称发现了一枚刻有"公元前 48 年"字样的钱币，这可能吗？

8. 有人建造了一栋普通的有四面墙的房子，每面墙上都开着一个朝南的窗口，这时有只熊来敲门，这只熊会是什么颜色的？

实训反思：

1. 你答对了多少？你答错了多少？

2. 为什么你的成绩不太理想？

3. 倾听的障碍在哪里？

任务二：提问

实训活动： 我问你猜。

实训目的： 提升提问技巧。

实训道具： 眼罩、号码牌。

实训过程：

1. 两人一组，一人提问，一人回答，猜物品。

2. 问题的格式是"是不是……？""是……吗？"，只能回答"是""不是""不一定"。例如，一人提示，这是一款电器，另一人可以问："是不是家庭用的？""是家庭用的吗？"而不能问："是在哪里用的？"否则为无效问题，不予作答。（教师提醒学生注意提问的技巧。）

3. 对于每件物品，每个人只能问五个问题，然后根据对方的回答猜这是什么物品。

4. 在规定的时间内猜对物品数目最多的组获胜。

实训反思：

1. 你作为提问的一方时，在沟通中你们遇到了什么困难？怎么解决的？

2. 你们用什么方法得到更多的有效信息？

3. 通过完成实训任务，你得到什么关于提问技巧的启示？

任务三：非语言沟通

实训活动： 盲人摸号。

实训目的： 提升非语言沟通技巧。

实训道具： 眼罩、号码牌。

实训过程：

1. 每组各选一名组长到老师处领取任务号码牌，组长将号码牌发给队员。各组队员在被打乱顺序、被蒙住双眼且不可以用嘴发出声音的情况下，找到各自的队友并按照手里号码牌顺序从大到小（或从小到大）排序，最快找到队友且排序无错的一组获胜。

2. 各组组长回到自己组传达任务，给团队15分钟进行讨论，决定行动方案。

3. 讨论结束后，老师将所有队员按不同组别召集在一起，向其派发眼罩，让他们蒙住双眼。

4. 提醒队员在活动过程中摸索着行进，不要走得过快，以免撞到同伴或建筑物。

5. 向各组队员派发预先准备好的号码牌，告知其上面的数字让其牢记，并将各组队员打乱后带入一固定场地。

6. 待所有队员在规定的地点站定，且最终确认所有队员都牢记了自己的号码后，宣布开始。

7. 随时提醒犯规或企图偷看的队员遵守规则。

8. 最先找到同伴且排序无错的一方为胜。

实训反思：

1. 你是怎样与其他成员交流的？在沟通中你们遇到了什么困难？怎么解决的？

2. 你们用什么方法得知别人的号码和位置？

3. 通过完成实训任务，你得到什么关于沟通的启示？

任务四：第一次拜访客户

任务背景： 小张是市场拓展部的新入职员工，部门经理要带他去拜访新的客户，叮嘱小张打电话跟客户约好时间和地点。如果你是小张，你该怎么做？

任务描述： 小组内分角色演绎部门经理、小张与客户沟通礼仪情景剧，包括预约、仪表、握手、介绍等礼仪展示。最符合要求的小组得分最高。

规则：

1. 情景剧的设计思路要流畅，故事情节完整。

2. 剧情涵盖沟通礼仪的内容。

3. 上台表演者的举止要规范、得体。

4. 富有创意性、思想性。

5. 展示时间为5分钟。

讨论：

1. 在情景剧的排练和表演过程中，有哪些行为遵循了沟通礼仪，填写表2-1？

表2-1 情景剧礼仪规范表

沟通阶段	礼仪规范
预约	
仪表准备	
见面称呼	
握手	
介绍	

2. 在整个过程中，最大的困难是什么？

3. 在活动中，你最深刻的体会是什么？

实训项目评价： 学生小组针对情景剧表演分析讨论，对每组成员的沟通礼仪进行评价，并完成评价表（见表2-2）。

表2-2 情景剧礼仪规范评价表

评价指标	分值	得分
预约	20	
仪表	20	
称呼	20	
握手	20	
介绍	20	
总分	100	

学习检测

一、单选题

1. 要根据沟通对象的特点，选择说什么和怎么说。这里的特点包括沟通对象的性别和性格、身份、年龄、（　　）、心理需求。

    A. 身高　　　　　　B. 体重　　　　　　C. 兴趣爱好　　　　　　D. 衣着

2. 非语言沟通包括（　　）、服饰、距离、表情。

    A. 仪表仪态　　　　　　B. 用词　　　　　　　　C. 心理　　　　　　　　D. 化妆

3. 沟通中，个人距离是（　　）。

    A. 0.5 米以内　　　　　B. 1.5 ～ 1.2 米　　　　C. 1.2 ～ 3 米　　　　　D. 3 米以外

4. 沟通中，公众距离是（　　）。

    A. 0.5 米以内　　　　　B. 1.5 ～ 1.2 米　　　　C. 1.2 ～ 3 米　　　　　D. 3 米以外

5. 沟通中，社交距离是（　　）。

    A. 0.5 米以内　　　　　B. 1.5 ～ 1.2 米　　　　C. 1.2 ～ 3 米　　　　　D. 3 米以外

二、判断题

1. 选择性地倾听是指倾听者想听的时候才听。当听到想要听的信息时，倾听者就会成为一个非常投入和理解力很强的听者。（　　）

2. 提问的方式可以分为开放性提问和封闭性提问。（　　）

3. 沟通中第一印象的建立只需要 30 分钟左右的时间。（　　）

4. 目光注视的角度：目光俯视表达优越与轻慢，往往有看不起对方的意思。（　　）

5. 先将职位低者介绍给职位高者，先将男士介绍给女士，先将年轻者介绍给年长者，先将同事介绍给客户。（　　）

6. 握手时使用右手，左手习惯者可以用左手。（　　）

7. 服饰的 TPO 原则中 P 代表服饰应与交际时间、时尚潮流相适应。（　　）

8. 跷起二郎腿并以脚尖指向对方乱晃，是不尊敬人的动作。（　　）

9. 一位教授到公司来讲学，你在机场接到这位教授后要安排他与公司总经理见面。双方见面时你应该先把教授介绍给总经理。（　　）

10. 在介绍他人时，一般遵循这样一个原则：尊者有优先知情权。（　　）

11. 姓名称呼，一般限于平辈之间，年纪、职务相当的同事之间，或长辈称呼晚辈，或上级称呼下级。（　　）

12. 穿正装时：领口处，衬衣领口高出西装领口 0.5 ～ 1 厘米；袖口处，手臂自然下垂时衬衣袖子应比西服袖子长 0.5 ～ 1 厘米。（　　）

13. "三色原则"，就是指一个人全身色彩不过三种，如果色彩过多会显得比较乱。（　　）

14. "三一定律"，是指皮鞋、皮带、公文包这三个皮质的东西，颜色最好统一。（　　）

三、简答题

1. 倾听分为几个层次？分别有什么特征？

2. 简单描述沟通距离的划分和特征。

3. 简单描述开放性问题和封闭性问题的特点。

四、思考题

对症下药，沟通准备要充分

战国时期，秦国出兵急攻赵国，此时赵太后刚执政，赵太后向齐国求救。齐国要求长安君必须到齐国做人质，齐国才出兵，赵太后不愿意，大臣强行劝谏。赵太后公开告诫左右近臣说："谁要再说让长安君为人质，老妇我一定唾在他的脸上。"

左师触龙想见赵太后，赵太后满脸怒气等着他。触龙进门后做出疾走的样子，实际却慢慢向前走，到赵太后面前自我谢罪说："老臣脚有毛病，不能快走，好久不见面了。私下自我原谅，却担心太后身体不适，所以想看看太后。"赵太后说："老妇依靠车辇行走。"触龙问："每天饮食还行吗？"回答说："能喝些粥。"触龙说："老臣如今特别不想吃，所以自己强行散步，每天三四里，稍微能增加点食欲，身体舒服些了。"赵太后说："我做不到。"赵太后脸色缓和了些。

触龙说："老臣的儿子舒祺，最小，没啥出息。可我已经老了，私下很疼爱他。我想让他补个黑衣名额，以便在宫廷中做个卫士。冒死说给您听。"赵太后说："可以答应，多大年龄了？"回答："十五了，虽然年少，可我想在自己入土之前将他托付给您。"赵太后说："男人也疼爱小儿子吗？"回答说："胜过妇人。"赵太后笑着说："妇人更厉害。"触龙说："老臣私下以为太后爱燕后胜过长安君。"赵太后说："你错了，没有爱长安君厉害。"触龙说："父母爱惜自己的孩子，应该为他从长计议。太后送燕后时，握着她的脚，为她哭泣，惦念悲伤她远嫁，也心疼啊。燕后走后，太后不是不想念，可每到祭祀，总为她祷告'不要让她回来'。难道不是为她长远考虑，希望她的子孙世世代代相继为燕王吗？"赵太后说："是的。"触龙说："赵立国的时候，赵国历代国君的子孙受封为侯的人，后代继承爵位的人，还有存在的吗？"赵太后说："没有。"触龙说："不只是赵国，其他诸侯受封爵位的子孙有在的吗？"赵太后说："老妇没听说过。"触龙说："这就叫近了祸害自身，远了祸害子孙。难道人主的子孙就一定不好吗？地位高贵而没有功劳，俸禄丰厚而没有贡献，而又挟持礼器宝物太多。如今太后赐长安君尊位，封给他肥沃的土地，赏给他宝物。还不如趁早让他为国家立功，否则你一旦年老驾崩，长安君凭什么在赵国立足呢？老臣以为太后为长安君考虑得太短浅，所以给他的爱不如给燕后的多。"赵太后说："行，你随便派遣吧。"于是套车一百辆，派长安君到齐国做了人质，齐国立刻出兵帮助赵国。

了解别人的心结所在，不仅要获得对方的反馈信息，而且要对对方做出某种反应的原因做出准确无误的判断，否则双方就无法进行有效的交流。有的放矢，这一点在说服中尤其重要。

我们可以从三个方面入手：先言其他，投其所好；推己及人，委婉劝说；晓之以理，动之以情。要想说服别人，就得学会抓住对方心理，要想抓住对方心理，就得学会换位思考。站在别人的立场上去分析，设身处地地考虑利弊，这样别人才会真心接受你的意见。

知己知彼，百战不殆。与人沟通先要了解情况，掌握对方的心理活动，以便对症下药，采取有针对性的方法和手段，这样就可以顺利地说服他人。

1. 触龙在与赵太后的沟通中运用了哪些沟通技巧？

2. 这个案例对你有什么借鉴意义？

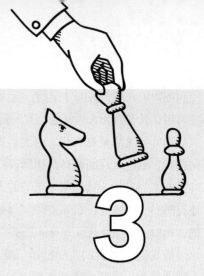

第三章
求职沟通

3

【知识目标】

● 了解求职前的准备。

● 掌握求职简历的制作方法。

● 熟悉求职面试的流程、面试礼仪的运用、面试中的问答技巧。

【能力目标】

● 能制作求职简历。

● 能从容应对求职面试。

【素养目标】

● 在求职应聘过程中讲诚信，不造假。

知识梳理

第一节 做好求职前的准备

做好求职前的准备，掌握求职的沟通礼仪和技巧是求职沟通的重要内容。求职前的准备主要包括心理准备、简历的准备、面试礼仪的准备、面试流程的准备以及求职前的其他准备。

一、心理准备

无论是刚从学校毕业的新人，还是等待谋求新职的人，都必须面临求职面试这一关。每一个求职的人，都希望在面试时留给主考官一个好印象，从而增大被录用的可能性。所以，事先了解面试时的一些必要的礼节，是非常重要的。可以说，这是求职者迈向成功的第一步。

1. 研究主考官

求职者研究主考官，这里所说的"研究"是要试想一下主考官会从哪些方面来考察、评价求职者。综合起来，有以下几个方面：主考官可能会先评价一个求职者的衣着、外表、仪态和行为举止；主考官会对求职者的专业知识、口才、谈话技巧做整体的考核；主考官可能会从面谈中了解求职者的性格和人际关系，并从谈话过程中了解求职者的情绪状况及人格成熟的程度；主考官会在面试时，观察求职者对工作的热情程度和责任心，了解求职者的人生理想、抱负和上进心。

2. 研究自己

这包括以下几个方面。①认识自己，了解自己的长处、兴趣、人生目标、就业倾向等。许多学校都会为毕业生就业求职开设一些辅导课，帮助毕业生分析个人的专业和志向，毕业生可以充分利用这个渠道，为求职预先做好准备。②听取家人和有社会经验的亲友的意见和建议，修正个人的志愿，也很有必要。③面试前进行演练，有助于提前发现问题，缓解紧张的情绪；参加面试一定要抱着谨慎的态度，不浪费每一次机会，并把每一次面试当作重要的经验积累起来，千万不要有随便或侥幸的心理。

二、简历的准备

对于求职者来说，简历是求职必备的，做好简历至关重要。简历是对求职者的个人基本信息、教育背景、工作经历、爱好特长及求职意愿等相关情况所做的简要书面介绍，是一种针对性较强的，规范化、逻辑化的书面表达形式。每个面试的人都希望自己有一份彰显个性、设计精美，能给用人单位留下深刻印象的简历。

1. 简历的撰写原则

（1）真实诚信，个性鲜明

任何单位、企业都不会容忍不诚实的员工。求职者可以对自己的简历内容进行适当的润色，但是一定要建立在真实可靠的基础之上。简历内容必须真实，尤其是学历、毕业院校、工作经历。在应聘的过程中，一旦被发现简历有造假的情况，自己势必会失去获得这份工作的机会。而且夸张编造、虚构事实的简历，只会令人怀疑求职者的人品，为其今后的工作留下隐患，不利于其职业发展。

当然，真实诚信并不意味着过分谦卑，求职者要勇于表达自己的意愿。求职者很难做到

100%符合招聘条件，因此即使在某个方面可能与职位要求不是太符合，但只要能满足职位最重要的那部分要求，就应该自信地表达出来。

同时，简历就是自己的脸面，一份融合职业优势及独特个性的简历往往会因其与众不同而得到对方的青睐。因此，求职者可以从招聘单位、应聘职位、所学专业、所处行业等方面出发进行一些有针对性的简历创新。

 初心不忘

造假应聘，一时的侥幸换不来工作

无锡某商业有限公司发布招聘公告，招聘招商部副经理一名，要求有财经类本科以上学历和3年以上同类岗位工作经验。宋某面试成功后于2019年6月11日入职。宋某在入职前提交的个人简历和入职时填写的入职信息登记表中均表示其毕业于某知名大学工商管理学院，有在多个大型商业综合体招商部担任经理、总监的经历。后来该公司查实，宋某学历、学位证书和工作证明均为伪造。

2019年9月28日，该公司以宋某提供虚假学历和工作经历为由与宋某解除劳动关系。宋某认为其入职后表现良好，学历和经历并不代表能力，且该公司也未在合理的时间内发现此问题，遂申请仲裁。结果是对宋某的仲裁请求不予支持。

《劳动合同法》第二十六条规定："下列劳动合同无效或者部分无效：（一）以欺诈、胁迫的手段或者乘人之危，使对方在违背真实意思的情况下订立或者变更劳动合同的；（二）用人单位免除自己的法定责任、排除劳动者权利的；（三）违反法律、行政法规强制性规定的。对劳动合同的无效或者部分无效有争议的，由劳动争议仲裁机构或者人民法院确认。"《劳动合同法》第八条规定了用人单位有权了解劳动者与劳动合同直接相关的基本情况，劳动者应当如实说明。采用欺诈等方式建立劳动关系的，其权利不受法律保护。

本案中，该公司在招聘时，对招商部副经理一职有明确的学历和工作经历要求。宋某为谋求应聘通过，在求职时和入职后均向公司提交了伪造的个人学历、学位证书和工作证明，从而造成该公司重大误解。宋某凭借假学历、假工作经历与用人单位订立劳动合同，属于欺诈行为。可以认定，宋某以欺诈的手段使该公司在违背真实意思的情况下与其建立劳动关系。该公司以宋某提供虚假学历和工作经历为由与其解除劳动关系于法有据。

用人单位与劳动者在建立劳动关系以及履行劳动合同期间均应遵守诚实信用原则。诚实守信作为劳动合同的基本原则，贯穿于劳动合同的建立时、履行中，甚至终止后。招聘和求职应聘是建立劳动关系的前提，求职者不能以欺骗的方式蒙混过关，否则必将适得其反。求职者在求职应聘过程中，应当保证简历信息真实，尤其要注意学历和工作经历等招聘要求中着重强调的信息，要纠正先夸大其词或者虚构事实入职，事后再弥补的侥幸心理。

（2）简洁明了，措辞准确

一般来说，简历内容能用一页A4纸显示为宜，如果需要强调相关的工作经历，也最好不要超过两页。如果简历内容过多，又缺乏层次感，会给人以琐碎的感觉。但也不是说为了追求一页或两页的效果就过度地删减能体现自己优势的细节。好的方法是在撰写时惜墨如金，除了把姓名、性别、联系电话等基本信息写出来，重点是在了解应聘企业、职位的前提下，简明扼要地概括自己与目标职位有关的特点、优势、工作经历等内容，省略与目标职位无关的信息。这样的简历面试官只看一眼就能清楚了解求职者的信息，对其能否进入下一步的面试环节心里就会有初步的打算。

同时，简历中还应避免出现指代不清、前后矛盾、拼写或标点错误的词句，尽量用具体的数字量化自己的成绩，并且在整体的表达方式上充分体现出个人的职业道德及与目标职位的契合度。

（3）目标明确，突出重点

有针对性和突出重点的简历需要围绕应聘职位和个人特长进行撰写。通常，用人单位会对求职者的教育背景、工作经历及技术水平有一定要求。求职者应该尽量陈述有利信息，针对应聘职位的岗位职责和职位要求来选择相关的个人特长、成绩、资质，其他无关信息则不需要写进简历。对于有工作经验和实践经验的人来说，其应以所取得的成绩为主，强调自己的业绩，特别是与应聘岗位职责相关的业绩，突出自己能给用人单位带来的收益，这样才能打动对方并赢得面试机会。

2. 简历的内容

对于社会经历较少的大学毕业生，简历的内容一般包括基本信息、求职信息和其他信息。

（1）基本信息

基本信息包括姓名、性别、出生年月、籍贯、家庭住址、联系电话、邮箱、最高学历、毕业学校、毕业时间等。联系电话、邮箱、家庭住址千万不要忘记写，以免用人单位联系不到你。照片一定要选用近期免冠证件照。

（2）求职信息

求职信息大致包括求职意向，教育背景，兴趣、爱好、性格，勤工助学经历，能力、特长，科研成果，工作经历。求职意向最好与用人单位招聘的岗位相符。教育背景按时间倒序填写，写到高中即可。学习成绩优秀、获得奖学金或其他荣誉称号是学习生活中的闪光点，可一一列出，以加重分量。兴趣、爱好、性格，这些特点能够展示你的品德、修养、社交能力及团队精神，它与工作性质关系密切，所以用词要贴切。即使勤工助学的经历与应聘职位无直接关系，勤工助学也能够显示你的意志，并给人留下能吃苦、勤奋、负责、积极的好印象。能力、特长即能胜任工作的专业知识、技能及经验等方面的优势和特长。科研成果，即科研上的成果、毕业论文及发表的文章，这些材料能够展示你的专业能力和学术水平。工作经历包括校内实践和社会实践，校内实践如参加各类社团开展的活动，社会实践主要是指在社会上参加的实习、工作等经历。工作经历要按照时间顺序如实填写，要写得明确具体，包括确切的时间、地点、担任的职务、工作内容等，最好写上工作的阶段性成果，例如"××××年××月—××××年××月，带领10人团队完成100个品牌招商计划，并超额完成当年部门的关键绩效指标"。要介绍自己的业绩，而不是团队的业绩。在介绍业绩时，要有确切的数字和具体的证据，不要用"很好""很多"，也不要用"大概""约""基本"等。需要特别注意的是，自己的经历可能很多，不可能面面俱到，要舍弃那些与应聘职位无关的内容。

（3）其他信息

在简历的最后，附上代表自己成绩的荣誉证书或其他证明材料。

求职沟通

求职沟通

例如，某公司的简历筛选标准如表3-1所示。

表3-1　某公司简历筛选标准

序号	类别	项目	具体细节
1	基本要求	学校表现	在校期间没有严重违反校规校纪或法律法规
2		健康	身体没有重大缺陷，符合公司体检标准
3		培养方式	正规院校统分统招及并轨类毕业生，获毕业证、学位证
4	学习指标	学习成绩	班级排名前40%或专业排名50%，没有补考记录
5		外语	除艺术类、小语种类，大学英语四级450分及以上或大学英语六级425分及以上；英语专业要求通过专业四级
6		奖学金	本科或硕士的本科阶段必须获得过奖学金
7	职位匹配要素	学生干部社团活动	应聘管理、销售类岗位必须有与学生干部或社团活动相关的经历
8		专业方向项目经验	项目经验与应聘工作方向相符
9	优先考虑要素	竞赛获奖	如技术类的设计大赛、挑战杯等，管理、销售类的创业大赛、沙盘模拟等
10		计算机	各种计算机认证，如国家等级、微软认证、思科认证等
11		其他奖励	优秀毕业生、先进个人、优秀干部等

3. 简历的格式

一般使用Word制作简历，可保存为.doc、.docx、.pdf三种格式。如果是电子版简历，要按照用人单位的格式要求制作并发送到指定邮箱。

简历需要合理排版，内容最好控制在一页A4纸内。排版要求错落有致，重点突出，方便用人单位阅读。简历的制作要表格化，排版整齐，适当利用字体加粗、下画线、颜色标注等突出层次感。最后不要忘记给自己的简历设计一个美观的封面。

简历照片的准备和选择

（1）选择可以展示自己气质的照片，但不要与真人有太大差距，做到真实表现自我。

（2）梳一个大方得体、整洁的发型，不要做奇怪的发型或披头散发。

（3）如果是女士，可以化淡妆，使人显得比较有精神，但切记不要化烟熏妆等浓妆。

（4）服装的搭配很重要，可以选择正式的职业套装，不可穿舞台装。

（5）照相前一晚保证自己有充足的睡眠，才可以在照相时精神饱满、显得更加有气质。

（6）照相时要记住，要拍正面照或者是前侧面照，如果对方没有要求，最好不要放全身照或全侧面照。

（7）面对镜头时，表情要自然，不要带着怒气或做搞怪动作。

（8）不要把很久以前的照片放到简历上，最好选择最近半年内所照的照片，否则，照片与本人不符也会让用人单位反感。

（9）照片以1寸或者2寸的证件照为主。

（10）照相馆的选择很重要，应选择正规的照相馆，不要去街上拍大头贴，那样会显得你很不专业。

三、面试礼仪的准备

知行合一

小A是北方某重点工科大学热门专业的应届毕业生，大学四年成绩优秀，在国家级有影响力的学术刊物上发表过论文，操作能力较强，很适合从事研发工作。

最近，他接到了一家大公司研发部门系统工程师职位的面试通知。面试时，面试官先问小A是否了解这家公司，然后又询问了小A的身高、业余爱好、有无女朋友等看似与职位无关的问题。这让出身名校且自视清高的小A瞬间感觉被轻视了，他不自觉地流露出不悦的神情。

随着面试的深入，小A出现了一些无意识的小动作。他习惯性地撸起袖管，嘎吱嘎吱地捏着手里的塑料水杯，双腿也在不停地抖动，甚至敲击桌椅发出了令人不悦的噪声。

两位面试官似乎也有分工，人事主管问完后暂时离场，由招聘专员单独与小A交流。人事主管的离场，让小A认为面试官对他失去了兴趣，开始心神不定，甚至要招聘专员重复问题后，小A才做出回答，并且语气里透露出一些厌烦。

在整个面试过程中，小A一直低着头，没有同面试官进行眼神交流。面试结束，他也没有同面试官道别，就离开了面试现场。

最后，面试官对小A的面试评价是：有较强的专业研究能力和发展潜力，但抗压能力较差，在人际交往方面存在较大缺陷，对公司不够重视。

分析：上述案例中，小A虽然自身条件很好，但由于缺乏非语言沟通技巧而影响了其在常规面试中的表现。因此，掌握非语言沟通技巧对求职者很有必要。

面试时应遵守礼仪规范。面试礼仪的准备包括仪表礼仪和举止礼仪的准备。

1. 仪表礼仪的准备

（1）发型的准备

求职者应选择符合自己气质及应聘职位特点的发型，女士可烫发或染发，但颜色以深色为宜。

男士的头发不宜过长，应做好清洁和护理。

（2）着装的准备

穿什么样的衣服去面试，能体现出你是一个什么样的人。衣着得体，不仅表示对面试官的尊重，还能给面试官留下一个良好的印象。求职面谈是一种正式场合，一般来说，求职者的服饰要同自己的身材、身份、年龄等相符合，做到大方得体、整洁明快。一般着正装，务必要干净整洁。所选的服装不一定要时尚、昂贵，但要能衬托自己的内在气质、穿着舒服，这样就不会因为服饰而产生下意识的拘束和不自然。女士可化淡妆，但妆容要与衣服搭配，指甲要修剪整齐，不可过长，尽量不要涂指甲油。男士着装优先选择西装，款式要得体，可佩戴手表，携带手提包。

2. 举止礼仪的准备

（1）提前10～15分钟到达面试地点

求职者一旦和用人单位约好面试时间后，一定要提前10～15分钟到达面试地点，以表示自己的诚意，给对方以信任感，同时也可调整自己的心态，做一些简单的仪表准备，以免仓促上阵、手忙脚乱。为了做到这一点，一定要牢记面试的时间与地点，有条件的求职者最好能提前去一趟，以免因一时找不到地方而迟到。迟到会给面试官留下不好的印象，甚至会使自己丧失面试的机会。在等待的过程中，求职者要表现出自信和耐心，即便过了预约的时间面试还未开始，也不宜表现出不耐烦，切忌用手机打电话。

（2）等待过程中要有礼貌

走进面试单位之前，口香糖和香烟要收起来，因为大多数的面试官都无法忍受求职者在办公场所嚼口香糖或吸烟，何况现在公共场所是禁烟的。手机静音或者关机，避免面试时造成尴尬局面，同时手机也会分散你的注意力，影响你的面试成绩。一进面试单位，若有前台，则开门见山说明来意，到指定区域落座、耐心等候，并保持安静及正确的坐姿。这时如果你准备了面试单位的介绍材料，可以再仔细阅读一次，也可重温一下提前准备好的一些面试问题，但是不要来回走动、表现得紧张、浮躁不安。不要对面试单位加以品评，不要驻足观看其他工作人员工作，或在落座后对工作人员所讨论的事情或接听的电话发表意见或评论。你的谈话对周围的影响是你难以把握的，这也许会导致你应聘失败。更不能因为恰巧遇到朋友或熟人，就旁若无人地大声说话或笑闹。

（3）注意进入面试房间的礼貌、仪态举止

当有工作人员通知你进入面试房间时，要先敲门，即使门是虚掩的。敲门时要注意敲门声的大小和敲门的速率。正确的做法是用右手的手指关节，主要是食指和中指的手指关节轻轻地敲三下，不可敲得太用力，以里面听得见的力度为准。听到里面说"请进"后，再进入房间。千万不要用手掌大声地去拍门、砸门。开门、关门尽量要轻，进门后用手轻轻将门合上，再回过身来将上半身前倾30度左右向面试官鞠躬行礼，面带微笑问声"您好"，然后走到指定位置前，待主考官讲"请坐"后道谢坐下，微笑环视主考官。始终保持举止文雅大方、谈吐谦虚谨慎、态度积极热情，不要过分殷勤、拘谨或过分谦让。在语言表达上做到口齿清晰、语言流利、语气平和、语调恰当、音量适中，语言要含蓄、机智、幽默。在面试前，要多练习站姿、坐姿、走姿等举止礼仪，以提升自己的气质和形象，给面试官留下良好的印象。

（4）表达谢意

面试结束时，要首先感谢主考官及面试单位给自己机会，把椅子放回原处，鞠躬表示感谢。如果当时就知道被录用，也不要表现得过于惊喜，要再次向主考官表示感谢。如果直接被告知没有被录用，也不要当场就变得很愤怒，要克制自己的情绪，依然感谢对方给自己这次面试机会，也可以尽量用平静的语气追问自己不被录用的原因。如果没有当场宣布结果，也可追问"我可以得到这份工作吗？""我最晚什么时候能得到回音？""如果因为种种原因您没有在最后期限通知我，我可以联系您吗？"以表达自己对这份工作的渴求和勇敢，并再次诚恳地对主考官为你多花费时间表示感谢。最后轻轻地带上门，礼貌地离开。

知行合一

在一次招聘会上，某知名企业人事经理说他们本想招一个有丰富工作经验的资深会计人员，结果却破例招了一名刚毕业的女大学生。让他们改变主意的起因只是一个小小的细节：这个大学生当场拿出了两块钱。

人事经理说，当时这名女大学生因为没有工作经验，在第一轮面试时即遭到了拒绝，但她并没有气馁，一再坚持。她对主考官说："请再给我一次机会，让我参加完笔试。"主考官看她求职的愿望非常强烈，于是答应了她的请求。结果她通过了笔试，由人事经理复试。

因为她的笔试成绩最好，所以人事经理对她颇有好感。不过，这名女大学生在复试中的回答让人事经理有些失望。她说自己没有参加过工作，唯一的实践经验是在学校参与过学生会财务管理。找一个没有工作经验的人做财务会计不符合他们的预期，人事经理决定："今天就到这里，如有消息我会打电话通知你。"女大学生从座位上站起来，向人事经理点点头，从口袋里掏出两块钱双手递给人事经理："不管是否录取，都请给我打个电话。"

人事经理从未见过这种情况，问："你怎么知道我不会给没有录用的人打电话？""您刚才说有消息就打，那言下之意就是没录取就不打了。"

人事经理产生了浓厚的兴趣，问："如果你没被录取，我打电话，你想知道些什么呢？""请告诉我，在什么地方我没有达到你们的要求，我在哪方面不够好，我好改进。""那两块钱……"女孩微笑道："给没有被录用的人打电话不属于公司的正常开支，所以由我付电话费，请您一定打。"人事经理也笑了，说道："请你把两块钱收回，我不会打电话了，我现在就通知你——你被录用了。"

分析：一个人是否具有良好的品质非常重要，特别是对于求职者尤为重要，它关系到求职者的前途，是求职成功与否的关键。

四、面试流程的准备

不同用人单位采用的面试种类各有不同。面试根据面试进程分类，可分为一次性面试和多阶段面试；根据面试对象分类，可分为个人面试和集体面试；根据面试形式分类，可分为常规面试和无领导小组面试。不论是哪种面试，求职者在求职过程中一定要熟悉面试的流程，提前做好准备。

1. 常规面试的流程

常规面试就是面试官和求职者面对面，以问答的形式进行面试。个人面试和集体面试的流程都是由面试官提出问题，求职者根据提问做出回答。

（1）自我介绍

求职者自我介绍的根本目的，是让面试官对自己有个初步的、大概的了解。求职面试的自我介绍要讲究技巧，成功的自我介绍往往会给面试官留下深刻的印象，那样求职就成功了一半。要成功地进行自我介绍，可以从以下几个方面着手。

① 礼貌地问候。在进行自我介绍之前，求职者先要跟面试主考官打个招呼、道声谢，这是起码的礼貌。例如，"经理，您好，谢谢您给我这个机会，现在，我向您做个简单的自我介绍……"。介绍完毕以后，要注意向面试主考官致谢，并且还要向在场的其他面试人员致谢。

② 主题要鲜明。求职面试中的自我介绍一般包括以下基本要素：姓名、年龄、籍贯、学历、学业情况、性格、特长、爱好、工作能力和工作经验等。一般地，面试时进行自我介绍的重点内容如表3-2所示。

表3-2　面试时自我介绍的重点内容

介绍的内容	介绍的重点
我是谁	介绍自己的个人履历和专业特长，包括姓名、年龄、籍贯等个人基本信息，教育背景以及与应聘职位密切相关的特长等
我做过什么	做过什么，代表你的经验和经历。在这个部分，主要介绍与应聘职位密切相关的实践经历，包括校内活动经历、相关的兼职和实习经历、社会实践等。要说清楚确切的时间、地点、担任的职务、工作内容等，这样会让面试官觉得真实可信
我做成过什么	做成过什么，代表你的能力和水平。在这个部分，主要介绍与应聘职位所需能力相关的个人业绩，包括校内活动成果和校外实践成果。介绍个人业绩，就是把自己在不同阶段做成的有代表性的事情介绍清楚
我想做什么	想做什么，代表你的职业理想。在这个部分，应该介绍自己对应聘职位、行业的看法和理想，包括你的职业生涯规划、对工作的兴趣与热情、未来的工作蓝图、对行业发展趋势的看法等。在介绍时，还要针对应聘职位进行合理编排

在自我介绍时，不必面面俱到，而要主题鲜明，直截了当，切入正题，不拖泥带水，对材料的组织要合理，做到详略得当、重点突出。一般来说，应按招聘方的要求来组织介绍材料，围绕招聘要求说话。假如招聘单位对求职者的工作能力和工作经验很重视，那么，求职者就得从自己的工作能力及经验出发做详细的叙述，而且整个介绍都要以这个重点为中心。最好在1～3分钟内完成自我介绍，要简明、干脆、有力。

③ 用事实说话。在面试时，有的人为了能给面试官留下深刻的印象，往往喜欢对自己进行夸张的修饰，动辄就表示"我的业务水平是很高的""我的成绩是全年级最好的"，其实，这样反倒会给面试官留下不好的印象，现在的用人单位往往更注重求职者的真本事。事实胜于雄辩，虽然面试的时间很有限，求职者不可能完全展示出自己的才能，但是，求职者可以通过实际的事例来证明自己的能力。

④ 话不要说满。面试中的自我介绍既要坦诚，又要有所保留；要介绍自己的能力，但不要把自己说得事事皆能，使自己进退维谷。在自我介绍中，求职者要尽可能客观地展示自己的实力，但同时应尽可能地避免使用保证式或绝对式的语言，如"我非常熟悉这项业务，我保证让部门改变面貌！"这些话往往没有具体内容，反倒会引起面试官的反感，如果面试官追问，求职者会因无法回答而尴尬万分。

（2）面试官提问

该环节是面试流程中的互动环节，考查求职者分析和解决工作中遇到的问题的能力、沟通与合作能力等。面试官会就简历或与岗位相关的内容详细地提问，求职者根据面试官的问题做出回答。这一环节是面试过程中最重要的环节，面试官多处于主动地位，求职者处于被动地位，面试官通过求职者的语言表达和非语言沟通表现进行剖析、评价。

（3）面试结束

面试官会在该环节告知求职者面试结束，等待通知。

2. 无领导小组面试的流程

无领导小组面试是采用情景模拟的方式对求职者进行集体面试，由一组求职者组成一个临时工作小组，讨论给定的问题，并做出决策。这个小组是临时拼凑的，并不指定谁是负责人，目的就在于考察求职者的表现，尤其是看谁会从中脱颖而出。无领导小组由一定数目的求职者（5～8人）组成，进行1小时左右的与工作有关问题的讨论，讨论过程中不指定谁是领导，也不指定求职者应坐的位置，让求职者自行安排。主考官观测求职者的分析决策能力、沟通表达能力、组织协调能力、辩论和说服能力、团队合作能力以及主动学习能力等各方面的能力和素质是否达到拟任岗位的要求，以及自信程度、进取心、情绪稳定性、反应灵活性等个性特点是否符合拟任岗位的团体气氛，由此来综合评价求职者。

（1）无领导小组面试的应对态度

无领导小组面试考察的是每个求职者分析、解决问题的能力，以及团队协作的能力和意识。主考官一般不直接参与，但是他会在旁边注视每个求职者的举动，最后得出对每个求职者的综合看法。讨论其实是一个求同存异的过程，最后要达成某种共识。允许有意见分歧，而且有意见分歧是比较正常的，但是不要试图压制其他求职者，这样会被认为缺乏团队精神，会被淘汰出局。求职者要顾全大局，与团队里的其他成员一道完成讨论任务。

无领导小组面试重要的是看求职者在讨论过程中扮演了什么角色。比如，当讨论进入僵持阶段时，求职者要积极协调、积极调解，推动整个小组讨论的进程，而不是加入争吵中。其实小组讨论最忌讳的就是大家毫无计划地争吵。求职者要主动参与、积极推进，必要时要学会妥协，以团队利益为重，最不能有的就是个人英雄主义。

但是，也不能太局限于自己的角色。领导者（leader）只有一个，报告者（reporter）也只有一个，但往往被录用的是个普通成员（member）。不管自己是什么角色，完成自己的角色任务，120%地完成，将普通成员的角色做得比别人有特色、有效果。

讨论发言时要面向小组成员，而不要看着主考官。这一点很多人忽视了，因为讨论和主考官无关，队友才是当下最重要的人。

（2）无领导小组面试的应对技巧

① 对自己充满信心。无领导小组面试虽然是求职者之间的"短兵相接"，但也不是特别难对付的可怕事情，因此要对自己充满信心。

② 放下包袱，大胆开口，抢先发言。对于每个小组成员来说，机会只有一次，如果胆小怯场、沉默不语，不敢放声交谈，那就等于失去了机会，结局自然不妙。当然，如果能在组织好表达材料的基础上，做到第一个发言，那效果就更好，给人的印象也最深。

③ 讲话停顿时显得像在思考。这么做能显示出你是在思考而且是想好了才回答。而在电话面试和可视会议系统面试时，不要做这样的停顿，否则会出现死气沉沉的缄默。

④ 论证充分，辩驳有力。讨论时，不是谁的嗓门大谁就得高分，主考官是借此考察一个人的语言能力、思维能力及业务能力。夸夸其谈、不着边际、胡言乱语，只会让自己的不利之处暴露无遗。语不在多而在精，观点鲜明、论证严密、一语中的，可起到一鸣惊人的作用。及时表达与别人不同的意见和反驳别人先前的言论，但不要恶语相向，要做到既能够清楚表达自己的立场，又不令别人难堪。

⑤ 尊重队友观点。相信每个求职者都想抓住机会多发言，以便突显自己的优势。但为表现自己，对对方观点无端攻击、横加指责、恶语相向，往往只会导致自己最早出局。没有一个公司会聘用一个不重视合作、没有团队意识的人。

⑥ 不可滔滔不绝、垄断发言，也不能长期沉默、处处被动。每次发言都必须有条理、有根据。

⑦ 准备纸笔，记录要点。随身携带一个小笔记本，在别人滔滔不绝地讨论时，你可以做些记录，表明你在注意听。

⑧ 逐一点评，充当领导者。最好找机会成为小组的领导者，以展示自己引导讨论及总结的才能。尤其是对问题无突出见解时，当领导者实在是明智之举。在讨论结束前，将各成员的交谈要点一一点评，分析优劣，并适时拿出自己令人信服的观点，使自己处于讨论的中心，无形中使自己扮演了领导者的角色，自然就为自己求职成功增加了筹码。

⑨ 上交讨论纪要。最后要将讨论纪要迅速整理成文，上交主考官，这既能展示自己扎实的文字功底，又能给人留下办事得力、精明能干的好印象。

知行合一

　　小李参加了在学校举办的招聘会，获得了一家国内知名企业的面试机会。小李与其他面试者3人一组，回答面试官的问题。小李认为要想从面试中脱颖而出，就要表现得积极，因此在面试时总是抢着回答问题。整个面试下来，有2/3的问题都是小李回答的。面试结束时，小李感觉自己的表现非常好。但一个星期后，他却收到了不用去参加复试的通知。

　　分析：在无领导小组面试中，不仅要表现自己，也要尊重其他队员，注重团队合作。小李过于注重个人表现，缺乏团队合作意识，不符合用人单位的要求，因此在面试中被淘汰。

五、求职前的其他准备

1. 确认招聘单位信息

接到招聘单位人力资源部门的面试通知后，务必在电话里重复确认面试时间、地点及需要携带的物品。

2. 了解路线和天气

一是查看前往面试地点的路线和交通情况，如果恰逢上班高峰期，一定要提前出门；二是查看面试当天的天气情况，如果预报有雨雪，则要多备一套衣服。

3. 准备纸质材料

提前打印好求职信、简历，准备好其他需要递交的证明材料，如学历学位证书、荣誉证书、成绩单的原件和复印件等，分别按照顺序装订整齐。简历最好以彩色打印，纸张的质量要好，简历数量可根据面试官的人数确定。

4. 调适心理

求职是招聘单位和求职者双向选择的过程，这个过程可能会很长，因此求职者需要做好充分的心理准备。求职者应有积极主动的自信心，也要有坚持到底的恒心。

知行合一

华为技术有限公司（以下简称"华为"）是我国目前最有品牌影响力的企业之一。许多大学生把华为作为求职的目标。想要加入华为，首先要了解华为的面试流程。

笔试过关后的求职者才有资格参加华为的面试，为了防止对求职者的考查过于片面化，华为的面试一般都分四到五轮，由不同的面试官从不同方面进行考查。

第一轮是初试。第一轮属于专业性面试，由一位面试官对一名求职者进行面试，面试官针对求职岗位所涉及的专业知识进行提问。面试官通常是有一定经验、受过专门面试技能培训的部门经理。面试时长为 $30 \sim 45$ 分钟。

第二轮是机试。也就是上机考试，考查求职者在制图、创建数据库等领域的专业技能。

第三轮是集体面试。每组数人，面试官数人，即无领导小组面试。该环节着重考查求职者的团队协作能力、解决问题能力等。

第四轮是性格测试。华为从美国引进了一套性格测试系统，根据这个系统对求职者的性格进行精密分析，然后筛选符合企业要求的人才。

最后一轮就是终面，仍然是一对一的面试。该环节的面试官一般都是求职者应聘部门中的中高层人员，得到他们的认可以后求职者才算是基本获得了面试成功。

整个面试过程持续 $4 \sim 5$ 天，一些有特殊要求的岗位的面试甚至需要更长的时间。

分析：华为通过层层筛选，选拔出顶尖的求职者进入华为进行岗位分配。正是这一系列严苛的人才选拔标准，为华为的发展提供了强有力的人才保障。

小结与思考

做好求职前的各项准备是迈向面试成功的第一步，这些准备包括材料上的准备，也包括心理上的准备，以及个人素质能力、举止仪态的准备，准备得越充分面试成功的可能性就更大。

在面试前，你认为自己还需要做哪些方面的准备？

第二节 求职沟通的技巧

在求职面试的过程中，与面试官进行良性的双向沟通，是求职者求职成功的重要保证。求职者对用人单位的问题要逐一回答，回答问题时勿以"我"为中心，与主考官观点不同时，语气要平和，可发表不同观点，但切忌争论。面试时如果遇到自己涉猎不深的问题，可以说自己对这方面不太了解，希望主考官可以多向自己介绍一些相关知识。如果面试时没有听懂主考官的提问，可以说刚才没听懂，千万不要愣在现场，形成僵局。除此之外，还需要注意扬长避短，充分展示自己的个性。回答问题的方式比结果重要，问题大多没有标准答案。面对故意刁难要沉着应对，保持微笑，不能把不满挂在脸上，要努力营造融洽的沟通气氛。适当地向主考官提问则更能显示自己的能力。如果还有其他求职者在场，回答问题时要照顾到其他人，这会显得你比较成熟。

一、语言表达的要求

1. 表达内容要真实、准确

面试时要实事求是，表达内容必须真实、准确。简历上的内容和自己面试时的表述一定要相符，切不可为了给面试官留下好印象，而对社会阅历和工作经验夸大其词，甚至伪造事实。

2. 语言简洁，重点突出

自我介绍不宜超过2分钟，因此，要提前组织好语言，避免啰唆，用词应凝练、简洁，重点突出自己与应聘岗位相匹配的知识、技能。

3. 语言富有条理性

面试时的高压环境容易影响个人语言表达的逻辑性。求职者在回答问题时，可以采用时间顺序、空间顺序、逻辑顺序安排层次，也可以用正反两方面、全面性和重点性相结合的方式来体现辩证思维，使语言表达富有条理和层次。

二、把握好面试沟通的技巧

1. 运用STAR原则

STAR是场景（Situation）、任务（Task）、行动（Action）、结果（Result）四个英文单词的首字母组合。STAR原则即求职者在讲述自己经历的时候，要说明在什么情形下，执行了什么任务，做了哪些事情，达成了哪些效果，并附上自己的反思和总结。

例如，当面试官要求简单介绍一下某个实习项目时，求职者可以按照STAR原则针对场景、任务、行动、结果做介绍："我在××百货公司做产品销售策划工作时，为了实现本季度营业额比去年同期增长10个百分点的目标，我制定了一份详尽的店庆活动方案，与产品销售策划组全体成员协同业务部、采购部和行政部的同事一起完成了本次活动，使当季度营业额比去年同期增长12个百分点，超额完成了任务。这次活动，锻炼了我的组织策划能力，使我体会到团队协作对目标达成的重要性，使我看到了自己作为产品销售人员的潜力，也让我更加坚定了从事销售工作的决心。"

2. 应对封闭式问题的技巧

面对封闭式问题时，求职者可以巧妙地将封闭式回答转化为引导式回答，并设法使回答引起面试官的兴趣。例如，当面试官提问"你能否胜任销售助理一职"时，不要只回答"能"，而是要讲一段你之前与这个职位相关的实践经历："我之前在××公司实习过1个月，其间跟随小组完成了一次价值××万元的××产品销售宣传活动，我利用自己的处事能力化解了一次危机，是否需要我详细说明？"这种抛问题式的回答，足以激发面试官对你的兴趣。

三、常见的面试问题及应答技巧

在面试过程中，要注意以答为基础、以问为辅助的沟通技巧。尽管不同公司的面试程序和模式有所不同，面试官的风格各异，但是有些问题是面试官比较喜欢问的。求职者一定要对这些问题有所准备，知己知彼才能百战不殆。那么面试官喜欢问哪些问题，求职者又有哪些回答的技巧呢？一般来说，面试官提出的问题可分为两类：一类是规定性问题，也就是面试官事先准备好的，对每一位求职者都要提出的问题；另一类是自由性问题，即面试官随意穿插的问题。这些问题往往千变万化、范围宽泛。面试官可以从求职者不经意的对答中发现其闪光点或缺点。无论是哪类问题，求职者在回答时都应保持高度敏锐和思维灵活，回答时既要表现自己的个性气质，又要表现出对面试官的尊重，认真倾听对方的提问，并注意对方的反应，以便及时调整自己不恰当的回答。下面是一些常见的面试问题及可借鉴的回答思路。

1. 请你自我介绍一下

这是面试的必考题目，求职者介绍内容要与个人简历相一致，表述方式上尽量口语化，要切中要害，不谈无关、无用的内容，条理要清晰，层次要分明，最好事先以文字的形式写好背熟。

2. 谈谈你的家庭情况

家庭情况介绍对于了解求职者的性格、观念、心态等有一定的作用，这是面试官问该问题的主要原因。简单地罗列家庭人口，宜强调温馨和睦的家庭氛围、父母对自己教育的重视、各位家庭成员的良好状况、家庭成员对自己工作的支持、自己对家庭的责任感。

3. 最能概括你自己的三个词是什么

这里建议用适应能力强、有责任心和做事有始有终这样的词，结合具体例子向面试官解释，有助于表现你具有发展潜力。

4. 你有什么业余爱好

业余爱好能在一定程度上反映求职者的性格、观念、心态，这是面试官问该问题的主要原因。求职者最好不要说自己没有业余爱好，不要说庸俗的、令人感觉不好的爱好，也不要说自己的爱好仅限于读书、听音乐、上网，否则可能令面试官怀疑你性格孤僻。一些户外的、富于团队合作精神的业余爱好有助于提升你的形象。

5. 谈谈你的缺点

不宜说自己没缺点，不宜把那些明显的优点说成缺点，也不宜说严重影响所应聘工作的缺点和令人不放心、不舒服的缺点。可以说一些对于所应聘工作无关紧要的缺点，甚至是一些表面上看是缺点，从工作的角度看却是优点的缺点。绝对不要自作聪明地回答"我最大的缺点是过于追求完美"，有的人以为这样回答会显得自己比较出色，实则不然。

其他常见的应答技巧问题

求职沟通

小结与思考

在求职过程中，我们不仅要提前锻炼自己的语言表达能力，还要掌握一些必要的求职沟通技巧，学习如何回答一些常见的面试问题。

在面试时，除了上面列出的常见的面试问题，你认为面试官还会问哪些问题？

实操训练

任务一：制作简历

实训活动：制作简历。

实训目的： 提升求职简历制作能力。

实训道具： 笔和A4纸。

实训过程：

1. 根据给定的求职信息，确定求职岗位并制作求职简历。

2. 简历的制作要合乎标准，内容全面，包含基本信息和求职信息。内容限定在一张A4纸内，排版合理，重点突出。

3. 张贴简历，同学们相互打分，10分制，得分最高者获胜。

实训反思：

1. 评出优秀的求职简历，并说明原因。

2. 求职简历中要包含哪些内容？简历中最重要的是哪一部分内容？

3. 制作求职简历最大的挑战是什么？

任务二：面试

实训活动： 客服专员岗位面试情景模拟。

实训目的： 提升面试能力。

实训道具： 桌子、椅子。

实训过程： 教师选出5个同学扮演面试官，组成一个面试官团队，再选出5个同学扮演求职者。求职者参加面试，由面试官进行打分。每个同学的面试时间为10分钟。面试环节包括：求职者自我介绍，求职者回答面试官团队提出的5个问题，面试官团队综合各方面因素选出得分最高的求职者。模拟情景如下。

东方自媒体有限公司面向某高校各专业应届毕业生发布了一条客服专员岗位招聘需求，对求职者的要求有以下几个方面。

1. 普通话标准，用计算机打字熟练。

2. 大专及以上学历，专业不限，性别不限。

3. 善于沟通表达，有较强的亲和力，服务意识强。

4. 有良好的团队合作意识。

5. 学习能力强，有一定抗压能力。

实训反思：

1. 在面试过程中，求职者使用了哪些面试方法和技巧？

2. 面对面试官的提问，求职者表现了怎样的沟通能力？

3. 如果你是求职者，你会怎么应对？

任务三：无领导小组面试

实训活动： 无领导小组面试情景模拟。

实训目的： 提升无领导小组面试应对能力。

实训道具： 纸、笔、桌椅。

实训过程： 5～6个同学组成一个小组，根据以下给出的案例，讨论出最后的方案。

1. 阅读案例，然后用3～5分钟思考，并自行开始讨论。

2. 小组讨论，达成一致意见（如不能达成一致意见，视为讨论失败）。时间控制在35分钟以内。

3. 由小组推举一名成员陈述本组观点，时间控制在5分钟以内。

案例如下。时值9月，沉寂了2个月的大学校园里热闹非凡，大一新生陆续来报到了。这些新生大都来自全国各地，虽然携带了很多生活用品，但是依然需要自行采购和准备一些个人生活用品。作为一名大四的学生，你和同学们都提前看到了这个商机，因此，你们纷纷决定去校外批发一些个人生活用品，在满足大一新生需要的同时，也可以赚取差价，为自己增添一些生活费用。在了解了大一新生可能需要的一些商品的市场价格后，你们都开始为采购和销售什么商品而苦恼。商品价格如表3-3所示。

表3-3 商品价格

商品名称	预计进货价格	预计销售价格
被褥	30～50元/套	100～150元/套
海绵垫子	30元/套	60元/套
凉席	12元/套	25～45元/套
护眼台灯	15元/个	40元/个
晾衣架	5元/组	10元/组
单人风扇	25元/个	50元/个
塑料脸盆	3～5元/个	8～10元/个
暖水瓶	8～10元/个	15～20元/个
太空水杯	2～4元/个	8～10元/个
拖鞋	5元/双	8～12元/双
二手自行车	25～50元/辆	100～150元/辆
便携式收音机	25元/台	40～60元/台
手机卡	50元/张	100元/张
容量为2GB的U盘	20元/个	40元/个
三环牌锁	2元/个	3～5元/个
电源插排	12元/个	20元/个
当地地图	1元/张	3～5元/张
英语周报	无须前期垫款	推销一份可以获得提成10～20元
招行学生信用卡	无须前期垫款	推销一张可以获得提成20元

你的资源和优势如下。

1. 手头有500元资金。

2. 已经调查和预估了新生可能需要的商品的进货价格与销售价格。

你的劣势如下。

1. 很多同学都决定抓住这个商机，竞争可能会比较激烈。

2. 学校后勤部门会给新生提供一些生活用品。

3. 学校里有一个服务社，学校门口还有超市。

要求：请依据你手头的资金，充分分析进货方向和原因，确定你的销售计划和思路，以争取让有限的资金赢利最大化。

实训反思：

1. 假设我们是招聘单位的面试官，通过这个无领导小组面试可以考察求职者的哪些能力？

2. 在这一面试中，什么样的求职者更受面试官的青睐？

学习检测

一、单选题

1. 在进行无领导小组面试的过程中，（　　）更容易获得面试官的青睐。

　　A. 过分表现自己　　　B. 畏首畏尾　　　　　C. 充满自信　　　　　D. 独来独往

2. 在面试时，女士最好（　　）。

　　A. 浓妆艳抹　　　　　B. 化淡妆　　　　　　C. 不化妆　　　　　　D. 穿休闲装

3. 面试时要注意仪表礼仪，首先要考虑发型问题。在求职面试时选择下面（　　）的发型更容易给人留下良好的印象。

　　A. 符合自己气质和应聘职位特点　　　　　B. 当下流行

　　C. 复古　　　　　　　　　　　　　　　　D. 夸张

二、多选题

求职者的服饰要同自己的（　　）等相符合，做到大方得体、整洁明快。

　　A. 身材　　　　　　　B. 身份　　　　　　　C. 年龄　　　　　　　D. 心情

三、判断题

1. 面试时只要准时到达面试地点就可以，不需要提前10分钟左右到。（　　）

2. 简历要做得很厚，要让人眼花缭乱才能吸引面试官的眼球，从而获得面试成功。（　　）

3. 在简历中，对自己的一些情况可以夸大，反正面试官也看不出来。（　　）

4. 在等待面试的过程中，可以和工作人员多聊聊，以便获取面试单位的一些内部信息。（　　）

5. 是金子总会发光的，只要自己有真才实学，用人单位一定会聘用自己，所以在面试时不需要去刻意打扮自己、重视举止礼仪。（　　）

四、简答题

1. 在面试时，如果面试官问："你在工作中难以和其他同事、上司相处，你该怎么办？"你该如何回答？

2. 求职面试时，要注意哪些基本礼仪？

五、思考题

秦孝公"四面"商鞅

我国古代一场著名的面试，是秦孝公"四面"商鞅。

两千多年前的战国时代，是一个人才竞争激烈的时代，也有各种考试，最多的是面试，例如商鞅就是通过面试进入秦国管理层的。下面再现一下两千多年前那场决定秦国命运的面试。在这场面试中，商鞅表现如何呢？

面试前履历：商鞅曾经是魏国管理界的优秀实习生。

在公元前359年的秦国，来自魏国的实习生商鞅，通过秦国的高层管理者、秦孝公的宠臣景监，取得了面试机会，面试官就是秦国的领导——秦孝公。

翻开商鞅同学的简历，可以得到以下信息。

姓名：公孙鞅，又称卫鞅（注：商鞅是后来到秦国重新取的名）。

性别：男。

年龄：36 岁（约出生于公元前395年）。

身份：魏国贵族。

毕业院校：刑法学院。

社会实践经验：商鞅长期在魏国从事行政管理实习工作，具体职位为中庶子，指导老师为魏国最高经理人公叔痤。商鞅被公叔痤老师定位为五星级（最高级别）实习生，公叔痤老师在临终之际向魏国领导魏惠王单独推荐商鞅，建议要么委以重任，要么杀掉，因为如果此人才流入其他诸侯国，会成为魏国最可怕的竞争对手。可是这一建议没有引起魏惠王的足够重视，因此商鞅未得到面试机会。听说秦国领导要做大做强，因此商鞅前来秦国寻求发展机会。

求职者商鞅的履历经由景监先生递交上去后，商鞅从一大堆应试人员当中脱颖而出，进入了秦孝公的视野。估计秦孝公比较重视工作经历，商鞅虽然在魏国谋职失败，但他曾经与魏国最高经理人长期共事，而且得到最高等级和推荐，就凭这一点，秦孝公就拿起那份用竹简做的简历，请秘书发了份这样的邮件："请商鞅明天早上来参加面试。"

接下来，商鞅肯定做了精心准备，但他是怎样准备的呢？下面正式进入面试现场。

坎坷面试路：商鞅历经四轮面试才被录取。

第一轮面试情况：求职者商鞅滔滔不绝，高谈阔论，"语事良久"，与之形成鲜明对比的是，面试官秦孝公数次进入睡眠状态，基本没听进去什么内容——"时时睡，弗听"。

第一轮面试结果如下。

面试官秦孝公对推荐人景监大发雷霆："瞧你推荐的什么人啊，我们公司根本没法用他。"景监转而责备求职者商鞅，商鞅解释："这不怪我，我用的是'帝道'的理论系统，是你们领导自己不开悟。"瞧瞧，这位求职者居然责怪面试官没听懂。

第二轮面试情况：与第一轮面试相隔五天后，秦孝公主动要求商鞅再次参加面试，这一回至少面试官没有打盹儿，但商鞅讲得还是有点像白开水——乏味，没说到秦孝公的心坎儿上——"益愈，然而未中旨"。

第二轮面试结果如下。

面试官秦孝公还是批评推荐人景监，景监又转而责备商鞅，商鞅说："我这回的应试理论是'王道'，看来还是不合你们领导的心意，我申请再来一次面试。"申请通过，商鞅准备第三次面试。

第三轮面试情况：面试官秦孝公开始认可求职者商鞅的策划，然而觉得其策划离具体实施还有点远，心里还有点疑虑——"孝公善之而未用也"。

第三轮面试结果如下。

第三轮面试完毕之后，有了良好的反馈，秦孝公对推荐人景监说："你推荐的那个魏国实习生说得还有点意思，有时间我还想跟他聊一聊，你叫他再准备一下。"景监这回也高兴了，马上将好消息告知商鞅。商鞅有把握地说："这回我跟你们领导介绍的是'霸道'，看来他是有点心动了，也有付诸实践的冲动，如果再有面试机会，我再给他说点更令他中意的。"

第四轮面试情况：这场面试延续了数天时间，但是面试官并不觉得很久，他甚至忘记了自己领导和面试官的身份，从面试官席位上下来，和求职者促膝长谈——"语数日不厌，不自知膝之前于席也"。

第四轮面试结果如下。

商鞅被录用，并被任命为新政主导官。

推荐人景监大为不解，去问商鞅："你到底说了什么，让领导高兴成那样？"商鞅跟推荐人景监道出了这场面试的奥秘，他解释说："前面几轮面试，我给领导讲的都是长远规划，其见效时间以百年为单位，领导听得昏昏欲睡，然后很不耐烦地说：'公孙鞅，对不起，你提出的百年规划不符合本公司的战略企图。本公司喜欢短线操作，最好能有让我们秦国短期内做大做强的方案。'因此，我根据贵公司的愿景，改变了策划，抛出'强国之术'，所以领导马上就来精神了。"

从商鞅面试完后的一番话来看，其实这场决定秦国命运的面试是双向的，表面上是秦孝公在考商鞅，其实也是商鞅在逆向考秦孝公。

从商鞅的角度而言，他为"考生"秦孝公准备了四套方案：帝道、王道、霸道和强国之术。在四轮面试中，他一步步抛出这四套方案，以观察秦孝公对哪套方案有兴趣，秦国适合哪套方案，根据每次面试中秦孝公的反应，来明确自己在这家公司将要推出的策划，给未来的领导做一个定位。同时，他也在反复的对答中，让秦孝公一步步明确自己的战略企图，公司的市场定位。秦孝公是位好考官，四轮面试，其实是商鞅对秦孝公战略定位的一次次确定和打磨。

就秦孝公而言，他是一个极有耐心的负责任的好考官，他能给自己起初不满意的求职者充足的时间，同时也放得下架子，一步步地否定自己，一步步地认识对方、肯定对方。

理想的面试，应该是面试官和求职者之间的双向试探、挖掘和打磨，面试官帮求职者明确自己的职场定位，求职者也可以帮助面试官明确公司的战略定位。彼此都在塑造对方，确定对方。

1. 商鞅为什么会获得最终的面试成功？

2. 这个案例对你有什么借鉴意义？

第四章
职场沟通

4

学习目标

【知识目标】

● 能够与上级、下级、同事、客户进行有效沟通。

● 能够提高电话沟通的有效性。

● 能够遵守网络沟通礼仪、微博礼仪、微信礼仪。

【能力目标】

● 掌握向上级请示汇报、与不同类型的领导沟通、说服领导的技巧。

● 掌握下达命令、赞美下级、批评下级的技巧。

● 了解与同事相处的禁忌。

● 掌握接近客户的技巧，了解如何处理客户异议。

● 掌握拨打、接听、转接电话的技巧。

● 熟练运用网络沟通礼仪、微博礼仪、微信礼仪。

【素养目标】

● 通过职场沟通，可以促进组织内外的人际沟通，建立和谐的人际关系。在职场中，树立诚信意识。

知识梳理

第一节　与上级沟通

在步入社会工作以后，我们每天大约有1/3的时间是在职场中度过的，必然要和上级、下级、同事等进行交流沟通，而沟通的效果将直接影响我们个人的职业生涯、发展前途。讲究职场沟通艺术，不仅可以大大提升工作效率，体现个人的工作能力，还可以减少矛盾与冲突，使我们的职场人际关系更加和谐、融洽。

一、与上级有效沟通

在职场中，与上级有效沟通是非常重要的。与上级有效沟通，建立并保持良好的上下级关系，对个人在组织中的成功与发展具有重要意义。积极、主动、及时与上级沟通，让领导知道自己在做什么、做到什么程度、有何想法、采取了怎样的工作方式，是在职场中谋求发展、不断晋升的必要条件之一，也是保证日常工作有序推进的必要条件之一。

1. 如何进行有效沟通

（1）适当的时机

建议与上级沟通最好选择在上午10点左右进行，因为此时领导可能刚刚处理完早晨的业务，下级适时提出问题和建议，会比较容易引起他的重视和思考。而早上刚上班时上级最繁忙，快下班时又是他疲惫的时候，显然都不是好的沟通时机。还要注意一点：无论什么时间，如果上级心情不太好，下级最好不要打扰他。

（2）适合的地点

上级的办公室是适合谈工作的地点。但是如果上级经过你的座位，想要就某个问题与你探讨，或者你们刚好同坐电梯，而他又表现出对你工作的兴趣时，也可以与其好好沟通。

（3）灵活运用事实数据

提出改进现有工作制度、程序的建议或者推广一项新的提案等，一定要有足够的说服力，千万不可只凭嘴讲，这会给上级留下一个头脑发热、主观臆断的印象。作为下级，要想说服领导，最好事先收集整理好有关数据和资料，做成书面材料提供给领导，因为事实胜于雄辩。

（4）预测质疑，准备答案

对于下级提出的建议和设想，上级可能会进行种种质疑，如果下级毫无准备，吞吞吐吐、自相矛盾，则成功的概率会大大减小，同时还会给上级留下逻辑性差、思维不够缜密的印象。下级最好充分预想上级可能有的疑虑，并一一准备答案，这样就可以胸有成竹地站在领导面前了。

（5）突出重点，简明扼要

先弄清楚上级最关心的问题，再想清楚自己最想解决的问题。在与上级交谈时，一定要先说重点，简单明了，而不要东拉西扯，分散领导的注意力。因为上级的时间难以把握，很可能下一分钟就有一个电话进来或者出现一件重要的事情打断你们的谈话，使得这一次交谈机会白白浪费。

（6）尊重领导的决定

领导毕竟是领导，无论你认为你的建议多么完美，你也只是站在自己的角度上进行考虑，而领导要统筹全局，他要协调和考虑的角度是你不曾涉及的。因此阐述完建议后应该给领导留一段思考的时间，即使他犹疑或否定了你的建议，你也应该感谢领导倾听你的建议（让领导感觉到你工作的积极性和主动性）。

2. 有效沟通时的四种态度

（1）尊重而不吹捧

作为下级，一定要充分尊重领导，维护领导的权威，支持领导的工作。在难题面前应勇于主动出面化解矛盾、承担责任，为领导排忧解难。

（2）请示而不依赖

作为下级，在自己职权范围内大胆负责、创造性地工作是应该的，这也是领导所喜爱的。千万不可事事请示，遇事没有主见，大小事不做主，这样会给领导留下办事不力、能力一般的印象，更不会被委以重任了。

（3）主动而不越权

对工作要积极主动，敢于直言，善于提出自己的意见。不能唯唯诺诺，领导叫怎么做就怎么做，自己不承担责任。更不能对领导的工作思路不研究、不落实，甚至阳奉阴违。当然，下级的积极主动、大胆负责要以有利于维护领导的权威、维护团队内部团结为前提，切不可擅自越权或越级上报等。

（4）自信而不自负

作为下级，在面对自己的领导时，应学会用自信去感染领导，但是不能自负，不能在沟通中表露自己目空一切。日常的沟通中，原本也没有必要时时刻刻表现自我。

二、向上级请示汇报的技巧

领导将任务交给我们，并不代表他从此脱离了具体的工作。实际上，他依然在不断关注工作进展，同时更为看重工作结果。领导需要我们就工作过程同他及时沟通，也需要我们在结果出来后做出有效汇报。对于下级来讲，请示汇报工作也是展示自己能力和水平的机会。如果能把每一次请示汇报工作都做得很好，领导对我们的信任和赏识就会逐渐加深，从而有利于工作的开展和推进。

1. 在请示汇报之前做充分的准备

请示汇报有临时请示汇报和预约请示汇报两种。无论是临时请示汇报还是预约请示汇报，都应该预先做好充分的准备。

（1）明确目标，有的放矢。弄清楚为什么汇报，汇报什么，使汇报目的明确。

（2）厘清思路，使汇报内容层次清晰，加深给领导留下的好印象。请示前，要想好请示的要点和措辞；汇报前，要拟好汇报的提纲，先总后分，分清层次，将汇报内容分类、分层，条理清楚，重点突出，以加深领导的印象。先讲重点，再讲次要部分；先谈结论，再补充论据。

（3）准备好相关资料。应准备齐全与请示汇报工作相关的资料，并且要非常熟悉文件材料。善于把这些材料融入汇报中，巧用素材，使汇报的内容可信度高。

（4）多种形式，能简能详。准备好书面材料、附件等，辅助口头汇报；制订详略两套方案，视具体情况确定汇报的详略，体现一定的灵活性。

2. 向领导请示汇报时的程序、要点

（1）事先预约

向领导请示汇报要根据领导的工作安排选择恰当的时间。一般来说，要先

向领导汇报的技巧

了解领导的日程安排，再通过秘书或直接打电话向领导提出请求，获得允许再去见领导。不要在领导忙得不可开交或专注于处理某一事情时打断领导的工作和思路，也不要在领导出席会议或会晤宾客时去打搅领导。

（2）遵时守约

请示汇报要按照预约时间准时到达。如果过早到达，可能会打乱领导的安排；如果迟迟不到，让领导久候则非常失礼。

（3）主动沟通，积极请示，及时汇报

与领导沟通，主动的态度十分重要。身为下级要主动向上级请示汇报，不要等到上级问起工作进度或者工作出现失误时才向上级汇报。工作中积极请示、及时汇报，有利于展示自己的才华，可以为自己争取更多的晋升机会。

（4）汇报内容要全面、客观、准确

领导只有全面了解工作开展情况，才能在此基础上做出准确判断，形成合理的决策意见。所以向领导汇报工作时，反映情况要尽可能充分、翔实。首先是要全面。既要从宏观上汇报工作的基础做法、重要进展、存在的问题以及发展趋势，又要从微观上汇报工作开展中一些对整体效果有影响的细节，使领导不但能从总体上把握工作情况，还能从局部上把握工作推进中每一个重要环节的情况。其次是要客观。既要报喜，详细汇报所取得的成就和效果；又要报忧，客观汇报工作推进中存在的问题以及主客观原因，特别是对工作中的人为失误要分清责任，力求具体。最后是要准确。汇报工作用事实来说话，用数据来证明，不能含糊其词、表意不清，尽量避免"据说""也许""大概""估计"之类的词，因为这样会给领导留下工作不踏实、作风不严谨的印象。

（5）语言要得体

请示汇报的语言应该准确、言简意赅、有逻辑、通俗易懂、流畅，请示汇报时应吐词清晰、语调平稳、语速适中，让领导一听就明白，给领导留下思路清晰、便于记忆的良好印象。我们可以按照"5W1H"的原则提纲挈领地进行请示汇报，即讲清楚何人（who）、何时（when）、何地（where）、何事（what）、何因（why）、怎么发生的（how）。

（6）仔细倾听

向领导请示汇报的过程中，领导会下达任务、发出指令。作为下级，务必要认真倾听、记录、复述、确认。准确理解领导的意图，明确完成任务的时间、地点、执行者、目的、做什么、怎么做等。

（7）请示汇报结束后要适时离去

请示汇报结束后，告辞要适时而有礼。如果这时领导谈兴正浓，我们应耐心倾听和回答。当领导说出"今天我们就谈到这儿吧""待会儿我还有其他安排"之类的话时，我们应立即打住话头，马上告辞。

三、与不同类型的领导沟通的技巧

由于个人的素质和经历不同，不同的领导有不同的领导风格。仔细揣摩每一位领导的性格，在与他们交往的过程中运用不同的沟通技巧，会获得更好的沟通效果。

1. 控制型领导

这类领导具有强硬的态度，充满竞争心态，下达命令后要求下级立即服从，务实、果决，旨在求胜，对琐事不感兴趣。

与控制型领导相处时，说话做事要干脆利索，不拖泥带水，不拐弯抹角。和他们沟通时，无关紧要的话少说，直奔主题。此外，他们注重权威，不喜欢下级违抗自己的命令。所以，下级应该更加尊重他们的权威，认真对待他们的命令。在称赞他们时，也应该称赞他们的成就，不必说个性如何等。

2. 互动型领导

这类领导善于交际，喜欢与他人互动交流，喜欢他人的赞美，凡事喜欢亲力亲为。

和互动型领导沟通时，要公开赞美，而且赞美的话语要真诚，言之有物，否则，虚情假意的赞美会令他们反感，从而影响他们对下级个人能力的整体看法。和他们相处时，要友善，也不要忘记留意自己的肢体语言，因为他们对一举一动都十分敏感。另外，他们还喜欢与下级当面沟通，喜欢下级坦诚地表达自己的想法，十分反感背后的议论。

3. 实事求是型领导

这类领导讲究逻辑而不喜欢感情用事，为人处世自有一套标准，喜欢弄清楚事情的来龙去脉，理性而缺乏想象力，是操作性践行者。

和这类领导沟通时，可以省掉话家常的时间，直接谈他们感兴趣而且更具实质性的话题。他们同样喜欢直截了当的方式，不喜欢拐弯抹角。同时，下级在进行工作汇报时，应多对细节进行详细阐述。

四、说服领导的技巧

在工作中，作为下级有时需要说服上级。如何让领导理解自己的主张、同意自己的看法并且采纳自己的意见或建议呢？

1. 选择恰当的沟通时机建言献策，注意场合

所谓恰当的时机，是指客观环境有利于双方的沟通，有利于增强说服力。研究表明，一个人的心情不同，对别人意见的接受程度也不同。所以领导的心情如何，在很大程度上影响到沟通的成败。当领导的工作比较顺利、心情比较舒畅的时候，便是与领导进行沟通的好时机，此时领导会比较容易接受下级的意见。相反，当领导心情郁闷、工作繁忙、情绪急躁时，最好不要建言献策。当然，把握说服时机不能一概而论，也应因人而异，看准时机，才能达到最佳效果。还有，向上级提建议要特别注意场合。领导都很重视自己的威信，因此在提出不同意见时，一般要避免在公众场合向领导提意见，话也不能说得太绝对，要留有余地。

2. 站在领导的立场来考量

站在领导的立场上看待所涉及的问题和事物，把话说到领导的心坎儿上，这样会给领导一种为他着想的感觉，与其产生情感共鸣。如果我们说的话与领导的心理相吻合，就能消除他的抵触情绪，赢得信任和理解，领导就乐于接受我们的意见或建议。

3. 准备充足的材料与数据

在工作中要提出自己的建议和意见时，要用各种数据、事实逐项证明，才具有说服力。俗语说空口无凭，即使我们的建议和意见很正确，仅凭语言描述也是没有多少说服力的，事实和数据则可以很准确地描述客观事物，它们比任何语言描述都有说服力。所以我们要提前整理好相关的事实和数据。

职场沟通

4. 设想领导质疑，准备答案，胸有成竹

在说服领导的过程中，领导可能会质疑。因此，应事先设想领导会提什么问题、自己该如何回答，做到胸有成竹。如果事先毫无准备，回答领导的疑问时吞吞吐吐，自然很难说服领导。

5. 提出切实可行的解决方案

向领导提意见不是目的，解决问题才是目的。针对存在的问题提出具体的、切实可行的解决方案，并帮助领导选择解决问题的办法，这样有利于说服领导。

6. 说话简单明了，突出重点

与上级沟通时一定要简明扼要、突出重点；相反，如果长篇大论、东拉西扯，势必会沟通不良。很多争执都是上级和下级沟通不良造成的，因为双方都不了解对方到底在想什么，而一旦把问题说明白，争端也就随之消失了。因此我们必须把自己的观点讲得简单明了、突出重点，以便上级准确地理解。

7. 客观理智，切忌情绪化

人在接受不同意见时往往会产生两种截然不同的感受：一是意识到对方的意见是正确的，是善意的，是为了工作；二是认为对方是在发泄心中的不满，是恶意的，是故意找事。因此，在说服上级的时候切忌把负面情绪带入其中，要客观理智，尽量让上级感受到善意。

8. 尊重权威，委婉交谈

在职场中，无论你的地位多高，对组织的贡献多大，质疑领导都是大忌。领导的权威不容挑战，无论我们的可行性分析和项目计划多么完美无缺，我们也不能强迫领导接受，言谈中不能质疑领导，咄咄逼人，而应该语气委婉，充分尊重。

知行合一

卫灵公在位时，弥子瑕等人得到特别的宠幸，把持了卫国的大权。有个杂耍艺人朝见卫灵公时说："我的梦应验了。"

卫灵公问："是什么梦？"

杂耍艺人说："梦见一口灶，这就表明我要谒见国君了。"

卫灵公一听大怒，说："我听说将要见到国君的人会梦见太阳，怎么你却梦见灶呢？"

杂耍艺人回答说："太阳普照天下，任何东西都遮不住它的光芒；国君恩泽全国，何人也不能蒙蔽他。所以说，将要见到国君的人就会梦见太阳。而灶，一个人站在前面烤火，后面的人就无法看见光亮了。现在，国君身边也许有人在烤火，蒙蔽您吧！那么，我梦见灶，难道不对吗？"

卫灵公恍然大悟，废黜了弥子瑕。

分析：在与上级沟通时，尽量不要对上级直接说"不"，应采取灵活多变的方式来达到自己的目的。良药不一定苦口，忠言不一定要逆耳。巧妙的表达能让上级在愉快的心情中接受下级的建议。

小结与思考

能否与上级进行有效沟通，会影响到我们在组织中的工作和前途，也会影响到整个团队的合作。我们在与领导沟通时要讲究方法、运用技巧，应该尽可能地通过有效的沟通方式与上级建立良好的关系。

在与上级沟通时，还要注意哪些问题？

第二节　与下级沟通

上下级沟通是组织沟通中最重要的沟通，也是组织沟通中最主要、最能有效提升工作效率的沟通，但同时也是最容易产生无效沟通的环节。为什么上下级沟通是组织沟通中最难的环节？很重要的一个原因是上下级之间的身份、地位不对等，上级很容易产生高高在上的心态，而忽视与下级的沟通，忽略与下级沟通的方式与技巧，对下级的意见不屑一顾。从激励角度讲，有效的上下级沟通首先应该由上级主动发起，即管理者应主动地向下沟通，选择一定的沟通渠道和沟通策略，将任务、指标信息传达给下级，并通过一定的沟通手段，激发员工的工作热情和积极性，让员工知道自己备受重视，从而全身心地投入工作中。

一、与下级有效沟通

知行合一

美容师小A和小B都是新来的员工，小A热情大方、能说会道，吸引顾客开卡消费的数量比小B多，因此得到了店长的认可，店长多次在员工会议上对小A提出了表扬。而小B却沉默寡言，只喜欢埋头干活。眼看三个月试用期快到了，小B开卡的数量还不足小A的一半，店长找她沟通了好几次，希望她向小A多学习，但每次都发现小B听后一脸郁闷，欲言又止。不久后，小B便辞职了。接下来，店长却发现在小B走后，小A的开卡数量居然没有增加，反而流失了好多客户。

此时，一位老员工向店长说明了情况，她才恍然大悟。原来能言善道的小A美容技术不佳，大部分她说服开卡的客户都是在体验过技术很好的小B的服务后，才决定留下办卡的。店长很后悔，由于自己跟下级的沟通不当，严重打击了对方的工作热情，最终丢失了一个有技术的核心员工。

分析：作为管理者，与下级的沟通，不是聊天和谈谈工作这么简单，因为与下级沟通最大的目的，就是要充分调动下级的积极性，使他们的潜力得以最大限度的发挥。如果沟通不能达到这个目的，那么上下级之间的对话就属于寒暄，甚至会成为下级跳槽的导火索。

1. 贴近下级，寻求沟通

下级对上级，往往存在各种各样的心态：试探、戒备、恐惧、对立、轻视、佩服、无所谓等。有的员工在上级面前唯唯诺诺，不敢妄言；在同事面前则落落大方，侃侃而谈。因此，身为领导应该避免使用命令、训斥的口吻讲话，要放下架子，以平易近人、和蔼可亲的姿态去沟通，如经常深入基层，通过召开座谈会、个别访谈、即时聊天等形式，了解员工关心的问题，征求员工的意见和建议，关心员工的工作和生活。只有这样，下级才会敞开心扉，畅所欲言。

2. 认真倾听，适时提问

沟通艺术的核心在于认真倾听和适时提问。一个优秀的管理者应该具备作为一个听者所拥有的非凡技能和一针见血地提出问题的能力。通过倾听，充分体味下级的心境，全面地了解信息；通过提问，促进沟通的深化，探究信息的深层内涵。倾听和提问均可为领导准确分析反馈信息、调整管理方式提供客观依据。因此，在沟通过程中，领导要尽量少说多听，不随意插话，不轻易反驳；提问要言语简洁，要等对方说完或者说话告一段落时再发言。

3. 设身处地，换位思考

管理者和下级对企业内外环境关心的侧重点不同，对企业发展使命、发展战略、管理特征、管理规范等的认识也存在极大的不同。管理者要想同下级进行良好的沟通，必须要从下级的立场出发，进行换位思考。站在他人立场上分析问题，能给人以善解人意、体察入微的印象，这种投其所好的技巧常常具有极强的说服力。管理者要经常深入基层开展调研，及时了解和掌握下级的思想动态和关心的利益所在。在沟通时，要善于联系对方的身份、职位和目前的工作、生活境况去揣摩对方心理，做到想对方之所想，急对方之所急，以真正理解对方的思想观点。

4. 拉近距离，平等交流

沟通伊始，管理者要特别重视开场白的作用。可以先扯几句家常，开一些善意的玩笑，以消除对方的拘束感，拉近双方心理上的距离，然后再慢慢引出正题。在阐述自己观点时，要有平等的姿态，晓之以理，动之以情，不以势压人，不训斥、命令；音量适中，语气平和，语调自然，态度和蔼；手势或动作幅度不宜过大；多采用商量性的口吻，如"你觉得我的话有道理吗？""你同意我的意见吗？"。

知行合一

一次，空军俱乐部举行宴会招待空战英雄。一位年轻士兵在斟酒时不慎把酒洒在了将军的秃头上。顿时，士兵悚然，全场寂静。

只见这位将军轻轻拍了拍士兵的肩头，说："老弟，你认为这种方法治疗脱发管用吗？"

话音刚落，全场立即爆发出响亮的笑声。

分析：对于不慎犯错的下级，管理者应该通过及时沟通表示自己的善意和理解，让其放下包袱。管理者要善用幽默的沟通方式，帮助下级减轻心理压力，从而更有效地进行沟通。

二、下达命令的技巧

下达命令是上级对下级进行管理的最普遍、最常用的方式，但下达命令并不是说几句话那么简单。很多领导都会有这样一个疑问：我给下级布置了任务，怎么最后他执行的结果与我的指令大相径庭呢？之所以会出现这样的问题，很重要的一个原因就是领导的传达方式有问题，上下级的沟通出了问题，上级根本没有把任务布置清楚，给出的指令非常模糊。

下达命令的技巧

1. 正确下达指令

身为上级，下达任务、发号施令时，一定要准确，要照顾到下级的理解能力和接受能力。上级不要经常变更指令；不要下达一些自己都不知道缘由的指令；不要下达一些过于抽象的指令，让下级无法掌握指令的目标；不要为了证明自己的权威而下指令。

上级在向下级传达指令时，可以使用"5W2H"法去分解指令。

When 指一个命令所涉及的日期、时刻、状况。如"从 1 月 1 日上午开始到 1 月 31 日下午结束""从上午 9 点到 11 点"等。

Where 指一个命令所涉及的场所。如"地点在公司三楼会议室""工作场所在工厂的一车间"等。

Who 指一个命令所涉及的主体、客体等相关人物。如"全体员工要认真配合李总的工作""生产车间一定要按计划一步一步来"等。

Why 指一个命令的目的、用意、理由、背景等。比如，"为了我们销售部计划的完成""为了加强我们的合作关系"等。

What 指一个命令所涉及的对象、内容和事项。如"生产 1000 个发动机""设计三套销售方案"等。

How 指完成一项工作的手法、手段。如"一直按第三季度的生产计划进行""分几个部门从不同的阶段同时进行，最后并轨"等。

How much 指一个命令所涉及的量的多少。如"这条生产线的成本是 300 万元"。

这样一分解就将指令变成容易理解的信息了，那么上级这样去安排工作，下级容易接受，且不会茫然无措，从而减小沟通受阻的发生概率，避免给工作带来麻烦。

2. 布置任务后及时确认

好的开始是成功的一半。上级给下级安排任务时，要让下级重复一遍自己所布置的任务。上级可以从下级的复述中看出下级对这项任务的初步理解。事实上，在上级的叙述和下级的复述当中，就已经有了一个理解的环节。若发现下级的理解有偏差，也好及时纠正。因此，上级布置任务后及时确认是很有必要的。

3. 让下级积极地接受指令

（1）上级要态度和善，用词礼貌。如果上级谦和有礼，下级自然会觉得受到了尊重，沟通起来自然会更顺畅。上级与下级沟通时也要尽可能地多使用礼貌用语，比如"请，谢谢，麻烦你"等。上级和下级之间首先是平等的两个人，与身份、地位、职位等都没有关系，其次才是上下级关系。有些领导会认为过多地使用礼貌用语会削弱他们的权威。事实正相反，懂得尊重下级的领导才能得到认同。不礼貌的命令会让下级产生不被尊重的感觉，尽管他们也会因为领导的权威而不得不去执行命令，但是积极性会大打折扣。

（2）让下级明白这件工作的重要性。下达命令时，上级应告诉下级这份工作的重要性，以激发下级完成任务的成就感，让下级为接到这个任务而感到光荣。让下级觉得"我的领导很信任我，把这样重要的工作交给了我，我一定要努力才能不辜负领导的期望"。

（3）给下级一定的自主权。一旦决定让下级负责某一项工作，就应该尽可能地给他自主权，让他可以根据工作的性质和要求，更好地发挥个人的创造力。这样会让下级觉得领导很信任自己，他会更加积极地去完成任务。

（4）共同探讨状况、提出对策。即使已经下达指令且进行了相应的授权，下级也已经明白了工作重点所在，上级也不可就此不再过问事情的进展，尤其当下级遇到问题和困难，希望上级协助解决时，更不可以说"不是已经交给你去办了吗"这类话。这时上级要和下级共同分析问题、探讨状况，尽快提出一个解决方案。作为上级，应该让下级时刻觉得领导永远是他们坚强的后盾，让他们没有后顾之忧，这样下级才会更有信心、更积极地去执行命令、完成任务。

（5）给下级提出疑问的机会。当上级下达指令时，要给下级提出问题、表达意见的机会，以确保下级能全面、准确地领会指令。同时，上级下达指令时主动询问下级的意见，也会让下级觉得领导尊重、信任自己，进一步提高下级完成任务的积极性。

三、赞美下级的技巧

成功沟通的基础就是要始终给予对方积极的反馈。所谓积极的反馈，就是正面肯定的话语。俗话说："良言一句三冬暖，恶语伤人六月寒。"渴望获得赞美是人类的天性，人们听到一句赞美的话往往会获得极大的满足感。从心理学角度看，赞美是一种很有效的交际技巧，它能有效地缩短人与人之间的心理距离。一个优秀的领导一定是善于赞美下级的领导，因为适当的赞美会激发出人的潜力。

赞美下级的
技巧

1. 赞美的态度要真诚

赞美下级时一定要真诚。每个人都珍视真心诚意，因为它是人际沟通中最重要的尺度。如果上级在与下级交往时不是真心诚意的，那么要与下级建立良好的人际关系是不可能的。所以在赞美下级时要确认他（她）的确有这样或那样的优点，并且要有充分的理由去赞美他（她）。

2. 赞美的内容要具体

赞美要依据具体的事实，除了广泛的用语，如"你很棒！""你表现得很好！""你真不错！"以外，最好还要加上对具体事实的评价。比如，我们可以这样说："你的调查报告中关于技术服务人员提高服务品质的建议，是一个能解决目前问题的好方法。谢谢你提出了对公司这么有用的方法。"或者这样说："你这次处理客户投诉的态度非常好，自始至终委婉、诚恳并针对客户提出的问题给出了解决方案，你的做法正是我们期望员工能做到的典范。"事实上，赞美的内容具体化也会让对方感觉到我们的态度更真诚。

3. 注意赞美的场合

在众人面前赞美下级，对被赞美的对象而言，其受到的鼓励是最大的，这是一个赞美下级的好方式。但是采用这种赞美方式时要慎重，因为如果被赞美的对象不能得到其他人的认同，那么其他人难免会有不满的情绪。所以，公开赞美的最好是能被大家认同以及能公正评价的事项。例如，业务竞赛的前三名、获得社会大众认同的义举、对公司的重大贡献等，这些值得被公开赞美的行为都是在公平、公开的竞争下产生的，或是已被社会大众或公司全体员工认同的。

4. 适当运用间接赞美的技巧

所谓间接赞美，就是借第三者的话来赞美对方的方式。间接赞美比直接赞美的效果往往要好。例如，见到下级，对他说："前两天我和刘总经理谈起你。他很欣赏你接待客户的方法，你对客户的热心与细致值得大家学习，好好努力，别辜负他对你的期望。"间接赞美的另一种方式就是在当事人不在场的时候进行赞美，这种方式有时比当面赞美所起的作用还要大。一般来说，背后的赞美除了能起到激励作用外，还能让被赞美者感到你对他的赞美是诚挚的，因而能加强赞美的效果。所以，作为上级，不要吝惜对下级的赞美，尤其是在面对其他领导或者其他下级时，恰如其分地夸奖下级，下级一旦知道了上级对他的赞美，就会心存感激，上下级之间的沟通也就会更加有效。

四、批评下级的技巧

作为一名管理者，批评是日常工作中一项重要的沟通工作。对待下级，不仅需要进行适当的赞美、激励，在下级犯错误的时候，还需要及时有效地进行批评，促使下级尽快改正错误，不断进步，才能提高员工的绩效，才能使整个组织的绩效提高。

批评下级的技巧

1. 批评时以真诚的赞美开头

一个人犯了错误，并不等于其一无是处。所以在批评下级时，如果只提他的短处而不提他的长处，他就会感到心理上的不平衡，感到委屈，从而产生抗拒心理。所以，管理者应在批评下级前帮他打消这个顾虑，甚至让他觉得你认为他是"功大于过"的，那么他就会主动放弃心理上的抵抗，对你的批评也就更容易接受。

2. 尊重客观事实，倾听下级申诉

批评他人通常是比较严肃的事情，所以在批评的时候一定要客观具体、就事论事。要记住，我们批评他人，并不是批评对方本人，而是批评他错误的行为。千万不要把对下级错误行为的批评扩大到对其本人的批评上，更不可以否定下级的人品、人格，那样会造成不可调和的矛盾，这就是所说的对事不对人。

3. 批评时不要伤害下级的自尊与自信

在沟通中，我们应该根据不同的人采取不同的批评技巧。但是这些批评技巧又有一个核心，就是不要损害对方的面子，不伤害对方的自尊。千万不能不问青红皂白就劈头盖脸将下级乱骂一通。批评是为了让下级能做得更好，若伤害了下级的自尊与自信，今后他可能会很难做得更好。因此，批评下级时要运用一些技巧。例如批评时说"我以前也会犯这种错误……""你以往的表现都优于一般人，希望你不要再犯这样的错误"等。

4. 友好地结束批评

正面地批评下级，对方或多或少会感到一定的压力。如果闹得不欢而散，对方会产生消极情绪甚至对抗情绪，这会为以后的沟通带来障碍。所以，批评下级应该在友好的气氛中结束，这样才能彻底解决问题。在结束批评时，不应该以"今后不许再犯"这样的话作为警告，而应该对下级表示鼓励，提出充满感情的希望，比如"我想你今后一定会做得更好""我相信你"等，并伴以微笑，这会帮下级打消顾虑，增强其改正错误、做好工作的信心。

5. 批评时要选择适当的场所

在批评下级时应该是当众不责，也就是不要在大庭广众之下批评下级，最好选在单独的场合，如独立的办公室、安静的会议室、休息室或者楼下的咖啡厅等。人非圣贤，孰能无过？每个人都会犯错，上级要以宽广的胸襟，以爱护下级的心态，包容下级，正确、适时地批评，这样批评对下级和部门才会具有正面的效用。

━━━━━━━━━━━━━━━━━━━━┨ **小结与思考** ┠━━━━━━━━━━━━━━━━━━

现代企业管理强调"以人为本"，管理者要培养沟通意识，学会运用合适的沟通方式和技巧，提高自己同下级有效沟通的能力，使上下级关系和谐、融洽，从而实现共赢。

上级与下级沟通时还要注意哪些方面？

職場溝通

第三节 与同事沟通

在职场之中，我们更多的时候是要面对平级的同事。同事关系是同一组织内部处于同一层次的员工之间存在的一种横向人际关系。同事之间既是天然的合作者，又是潜在的竞争者，这是一种微妙的人际关系，必然会产生既渴望合作，又警觉竞争的复杂心理。因此，职场人士在与同事相处时，应特别注意沟通艺术。

平级沟通的技巧

⏰ 初心不忘

三国时的荀攸智慧超群，谋略过人。他辅佐曹操征张绣、擒吕布、战袁绍、定乌桓，为曹操统一北方建功立业，做出了自己的贡献。在朝二十余年，他能够从容自如地处理政治旋涡中上下左右的复杂关系，在极其残酷的同僚斗争中，始终地位稳定，立于不败之地，原因就在于他能谨以安身、以忍为安，很好地处理同僚关系。他平时特别注意周围的环境，对同僚从不刻意去争高下，总是表现得十分谦卑、文弱、愚钝和怯懦。他对于自己的功勋讳莫如深。这样，他就和其他的同僚和平共处，并且深受曹操宠信，也从来没有人到曹操处进谗言加害于他，因此他在朝中朝外口碑极佳。

一、与同事有效沟通

1. 学会克制自我，学会管理自己的情绪，三思而后言

每个人都是独一无二的，但是与同事的相处不能以自我为中心，"率性而为"会让自己变得任性。要想与同事和睦相处，要先学会管理自己的情绪，用理智克服消极情绪，保持良好心态，尽量避免由于情绪失控而产生矛盾和冲突。在沟通以前，应该认真思考自己想说什么、该说什么，对方能接受什么样的语言。职场中有些人往往心直口快，说话不经过大脑思考，用犀利的言辞对别人造成伤害。

2. 注意语言表达，礼貌、谦和待人

与同事沟通时要顾及同事的自尊，采取委婉的语言。如果与同事的意见不一致，或是同事存在一些错误或缺点，如果没有损害到组织、团队的利益，也不是什么原则性的问题，那么不需要对同事苛求完美。如果确实需要我们给出建议，也要选择在合适的时间、地点，委婉地告诉对方，一定要注意措辞，以免造成不必要的误解。俗话说，礼多人不怪，不要因为和同事每天都相处，非常熟悉而忽略了礼貌，对同事更要多使用礼貌用语，"谢谢""请"要时常挂在嘴边。与同事相处，谦和低调是很重要的品质，一定注意不能显示出过强的优越感，更不能炫耀卖弄，要保持谦虚谨慎、友善待人的相处之道。

知行合一

小A在职场上已经打拼了好多年，各种各样的人和事遇到过不少。但她总是很容易得罪人，因为她是个心直口快的人，有什么就说什么，从来不会隐瞒自己的观点。

职场沟通

有的同事把茶水倒在纸篓里，弄得满地是水，她会直接告诉他不要这样做；有的同事在办公室里抽烟，她会请他出去抽；有的同事总是喜欢打电话与人闲聊，她就告诉他不要随便浪费公司的资源……她这样做是好心，可是，反而把同事们都得罪了，每个人对她都有一大堆意见，甚至大伙儿一起出去聚餐也故意不叫她。有一次她实在气不过，就向经理反映，没想到经理也不怎么支持她，弄得她更加被动。她非常想不通，明明自己实话实说，为什么结局是这样的。

分析：实话实说本身并没有错，心胸坦荡、为人正直是许多人都赞赏的美德，但实话实说也要考虑时间、地点、对象以及他人的接受能力。沟通是一门艺术，与同事沟通更应采用委婉的语言，用建议代替直言，用提问代替批评，同样的意思采用不同的表达方式就会收到不一样的效果。如果说话过于直率，言辞过于生硬或激烈，不但违背善意的初衷，还会给自己带来沟通上的麻烦。

3. 平级沟通需要积极主动，勤沟通

平级沟通不能用命令、强迫、批评、指派等组织职权所赋予的手段来进行，而要通过建议、劝告、帮助、咨询、辅导等方法进行交流，要注重平等的关系。在平级沟通中需要更加积极主动，才能为各种平行工作协调打好基础。例如：积极主动地和同事打招呼，简单的一句问候会给人留下良好的印象；在工作中积极主动沟通，勤于发问，学会和善于利用请教同事的机会，在请教的过程往往更容易和同事建立起密切的关系；日常多关心和了解同事，送上及时的帮助，主动增加交流，在节日中多主动问候、送上祝福。当然，在和同事多沟通的过程中，我们也要把握好尺度，不要打听甚至传播别人的隐私。

4. 平级沟通要求同存异，宽以待人

求同存异就是要求平级之间能够互相包容，学会容忍差异，接受不同的个性，不要在背后议论他人，不吹毛求疵，把主要的资源、精力集中在对双方都有利的方面，通过达成共识，建立良好的合作关系。宽以待人，不仅可以放松自己的心情，也会得到周围人的尊重，营造良好的工作环境，从中获得快乐与其他收获。

5. 平级沟通要以诚相待，克制嫉妒

有效的沟通都要以真诚为基础，真诚是被他人发自内心地接纳的前提，与同事沟通时切忌由于说话不真诚而给人留下虚伪或耍小聪明的印象。虽然平级之间难免有竞争性的关系，但竞争也是进步的动力，是一种积极因素。但是竞争不等同于嫉妒，嫉妒心既不利于自身的发展，严重的也会造成职业道德的败坏，影响团队合作的效果。在竞争中相互学习，取长补短，相互谅解和支持，实现共同进步。对待升迁、功利，要保持平常心，不要嫉妒。

6. 平级沟通要多鼓励赞美、少批评苛责

多赞美、少苛责是平级相处的润滑剂。赞美得当不仅能改善与同事之间的关系，还可以避免是非，甚至化解是非。与同事相处，不要吝惜赞美，赞美同事更显得你有气度。当你赞美同事的时候，既为自己带来了一份好感和友谊，也提升了自己的职场形象。因为无论什么样的团队，人们都喜欢能够赞美队友的成员，而不会喜欢动辄挑剔同事的刺儿头。当然赞美时要让人觉得真诚，否则会弄巧成拙。

7. 平级沟通要多"补台"不"拆台"，不要背后打小报告

"互相补台，好戏连台；互相拆台，一起垮台"，喜欢背后议论他人、传播八卦小道儿消息甚至是无中生有、恶意中伤他人，喜欢向领导打小报告，这样的人不可能受欢迎，也不可能有良

好的人际关系。现代组织中团结合作是主旋律，建立彼此"补台"的信任关系，展示出合作的态度，会不断提升组织的凝聚力。

二、与同事相处的禁忌

在平级沟通中要时刻注意一些常见的禁忌，谨慎处理沟通中出现的问题，不断总结经验。如果触犯某些禁忌将增加组织沟通成本，恶化沟通环境，且可能需要花更多的时间与精力来改善。

1. 可以分享的不分享

如果出现得到奖励、喜事、发福利等好事，要懂得及时与同事分享，培养组织中融洽的气氛。平级沟通的一个重要的基础是信任，同事之间的信任关系是从分享一些工作和生活中不需要保密的小事开始的，主动分享便于同事之间加深了解，而过于回避会产生隔膜感，平添了与同事之间不必要的沟通鸿沟。

2. 说招惹是非的话

有人的地方难免会有闲言碎语。比如某某的私生活、某某的绯闻等，这些就是容易为自己招惹是非的话。尤其是职场新人，一定要谨言慎行，管好自己的嘴巴，坚决不传播这些招惹是非的闲话。

3. 彼此不照应

同事之间建立良好关系的一个有效途径就是彼此照应，包括工作和生活上，例如分享工作和生活心得，在同事不在的情况下分担其工作，等等。

4. 倾诉心事

有些人喜欢把自己内心的想法甚至家庭隐私毫无保留地告诉同事，喜欢向同事倾诉衷肠、倾吐苦水。虽然这样的交谈富有人情味，能使同事之间变得亲密无间，但是，同事之间一旦有利害冲突，我们就要为自己的心直口快"买单"。职场中的朋友关系和生活中的朋友关系不是一回事，尤其是同一个单位、同一个部门的同事关系，同事之间应该友好相处，但是，不适合结盟，毕竟同事之间经常会成为竞争对手，办公室不是一个倾诉心事的场所。

5. 有事不求助

我国传统文化中强调尊重老师，"三人行必有我师"，在工作和生活中，虚心向同事求助，避免怕麻烦的思维模式，小的求助非常有助于建立良好的人际关系。

6. 拒绝善意

融入组织的文化就是要感激他人的善意，无论是物质还是非物质的，都是承载人际沟通的一种媒介，传递的是同事的热情。因此，在遇到同事表达善意时要积极回应。

7. 喜欢争辩

喜欢争辩给人一种争强好胜的感觉，锋芒毕露会让人难以合作。讲笑话，开玩笑，可以适当让步，同时需要把握玩笑的尺度。

8. 过度敏感

同事相处时过度敏感会加重沟通双方的负担。一方面，给人留下了难以接近的感觉，或是对人过于苛责；另一方面，也是一种自我折磨，分散了本该集中于组织目标的精力。

9. 完全不主动

日常与同事相处时缺乏积极主动的态度，过于功利。可从日常打扫、杂务入手，积极融入组织环境。

10. 乱献殷勤

对同事尤其是对领导乱献殷勤容易给他人留下虚伪和缺乏能力的感觉，打小报告这种变相的献殷勤也会招致同事的反感。

| 小结与思考 |

企业战略的实施和团队目标的实现都需要同事之间不断沟通。与同事的良好沟通有助于建立良好的工作关系，有利于提高工作效率。

在与同事沟通时，还要注意哪些方面？

第四节 与客户沟通

与客户沟通是企业经营活动中最重要的沟通内容之一，与客户建立良好的关系并进行有效的沟通对工作的开展、产品的销售、企业形象的塑造等具有非常重要的意义。接近客户是与客户沟通的第一步，接近客户是从第一次接触准客户到切入主题的阶段，在这个阶段，我们要如何做呢？

一、接近客户的技巧

1. 做准备工作

（1）先掌握要接近的客户的资料，包括他的年龄、职业、职位、喜好等，了解客户的类型。不同类型的客户有不同的需求，只有针对客户进行深入细致的分析，才能更快地接近客户。

接近客户的技巧

（2）确定今天接近客户的目的和意义，明确和客户交流的主题，并要准备好相关的资料和道具。例如今天接近客户的主要目的是推荐新产品，那么今天与客户交流的主题就是新产品，出发前应准备好新产品和新产品的相关知识，要求出发前能够做到对新产品知识了然于心，这样和客户进行沟通时才能够做到有的放矢。因此，沟通前的充分准备是至关重要的，它能够增强我们的自信心，是与客户顺畅沟通的前提和保障。

（3）注重自己的仪容仪表。第一次接近客户，从某种程度上来说，我们给客户的第一印象决定了合作的顺利与否。我们要穿着得体大方、干净整洁，保持微笑，尽量使自己的外观给初次会面的客户一个好印象。

2. 迅速打开客户的"心防"

任何人碰到从未见过面的另一个人，内心深处总是会有一些警戒心。当我们第一次接触客户时，他是主观的，也是带有防备心理的。客户对不符合自己价值观或审美观的人有种自然的抗拒心理，无形中就在客户和我们之间筑起了一道防卫的墙。因此，只有在迅速地打开客户的"心防"后，客户才可能用心听我们的谈话。那么怎么打开客户的"心防"呢？首先是让客户产生信任，然后引起客户的注意，接着引起客户的兴趣。

3. 打开客户"心防"的一些具体方法

（1）赞美接近法

这是指通过赞美客户来接近客户。根据客户的类型，我们可以使用比较直接、热情的语言，或是间接、委婉的语言来赞美客户，可以赞美客户的长相、衣着、谈吐等方面，也可以赞美客户的公司、产品质量、经营业绩等方面。但是要注意以赞美方式接近客户，一定要让客户感受到我们的真心诚意，而非虚情假意，否则会起到反作用。

（2）问题接近法

直接向客户提出有关问题，通过提问题的形式引起客户的注意和兴趣，进而过渡到正式洽谈。使用这种方法时要注意的是，尽量寻找自己的专长或者客户熟悉的领域，要避免有争议、伤感情和客户不愿意回答的问题，以免引起客户的反感。

（3）请教接近法

这是指虚心向客户讨教，利用这个机会接近客户。这种方法体现了以敬重客户、满足客户受人尊重的心理需求为原则的思想。尤其是对那些个性较强，有一定学识、身份和地位的专家型客户，这种方法更为奏效。

（4）礼物接近法

这是指利用附赠的礼品来吸引客户的注意、兴趣，进而和客户认识与接近的方法。一些小而有意义的礼品符合客户求小利、求雅趣的心理，极易形成融洽的气氛，方便更好地打开沟通的局面。

（5）好奇接近法

这是利用客户的好奇心理，引起客户对产品的注意和兴趣，以顺利进入洽谈的接近方法。好奇接近法需要我们发挥创造性，制造令客户好奇的问题与事情。

（6）利益接近法

这是利用客户追求利益的心理，引起客户的注意和兴趣，进而转入面谈的接近方法。当我们着重把产品给客户带来的利益放在第一位，首先把客户购买产品能获得什么利益告诉客户时，会使客户产生兴趣，增强购买信心。把客户的利益当成自己的利益来关注的人，一定会在沟通中取得有利的位置。

二、与客户有效沟通

有效的沟通技巧可以帮助我们与客户建立合作关系，但客户的类型多种多样，与客户进行沟通并不是一件简单的事，在沟通过程中我们要注意下面几点。

如何与客户进行有效的沟通

1. 坦诚相待，礼貌先行

在与客户沟通的过程中，有时候一个细节就能让客户认同服务或产品。但有时候一个不经意的举动也能令客户觉得失望，甚至打消购买意向。在与客户沟通的过程中，要注意真诚坦率，注重交往礼节。在客户来访的第一时间给予热情的接待和回应，使用敬语，让客户感受到我们的热情，这是与客户沟通的第一步，也是关键的一步。

知行合一

一位女士来到商场买鞋，看到入口处有一堆鞋子，正在打一折。她看中了一双漂亮的红鞋子。当她拿着鞋准备付款时，导购伸出手说："能不能再让我看一下？"

女士把鞋交给她，问："有什么问题吗？是打一折吗？"

导购忙说："是打一折，但我先要确认一下是不是那两只鞋。"

"什么两只鞋，明明是一双嘛！"

导购解释道："非常抱歉！我必须让您明白，它们真的不是一双鞋，而是皮质相同、尺寸一样，款式也一样的两只鞋，您仔细比较一下，虽然颜色几乎一样，但是，还是有一些色差。也许是以前卖鞋时，销售员弄错了，各拿一只，而剩下的两只正好又能凑成一双。我们不能欺骗顾客，免得您回去发现真相后，责怪我们不诚实。现在您已经知道了事实，如果您不想要它们，可以再选别的鞋子。"

女士非常感谢导购的真诚相待，心想："虽有略微的色差，也看不出来，没什么大不了。"于是，她决定买下这两只鞋。

分析：在销售中如果缺乏诚信，就会牺牲长远利益。诚信有利于培养忠诚顾客。你对顾客忠诚，顾客才会对你忠诚。

2. 尊重客户，取得信任

不论是发展新客户还是维护老客户，都要充分地了解客户，包括其性格特征、兴趣爱好、宗教信仰乃至人生信念等。在与客户沟通的过程中，要真正地做到尊重客户，并换位思考，从客户的角度和立场看待产品，以取得客户的信任。

3. 及时跟进，维护客户

在营销目的实现后，售后服务和客户跟进就显得更为重要了，将客户视为朋友，平时保持联络，多多沟通，增进了解，如节假日以电话、短信等方式问候，平时闲暇时聚会，邀请客户参加企业所举办的各类开放型活动等，让客户对企业的认识更进一步。这样，客户不仅觉得企业的服务或产品值得购买，合适的时候也会为企业带来客源。

4. 目的明确，主题突出

不管什么样的沟通交流形式，在与客户沟通之前，先要明确此次沟通的目的。在交流过程中，应紧密围绕沟通目的进行沟通，注重沟通效率。例如，很多业务员请客户吃饭，在筵席上大谈国事、家事，对宴请的目的只字不提，结果是饭吃完了，该谈的事情都没谈，更不用说谈成交易了。

5. 学会倾听

在与客户沟通的过程中，倾听是解决问题的前提和关键。认真倾听客户的诉求，向客户解释他所表达的意思并请教客户我们的理解是否正确，都是向客户表明我们的真诚和对他的尊重。同时，这也给客户一个重申他的意图的机会。例如，处理客户的投诉时，应认真倾听，不要轻易打断客户的话，从而判断客户的真实意图。

6. 认同客户的感受

站在客户的立场上看待问题，对客户的情绪感同身受，能迅速地取得客户的信任。如在处理客户投诉时，这样表述："王先生，您好！我们的产品给您带来了困扰，真是非常抱歉，我很能理解您的心情，如果是我，遇到这样的事情也会很生气的。"

7. 学会赞美

每个人都喜欢听赞美的话，客户也不例外。在与客户沟通的过程中，不断地发现客户的优势和强项，及时地给予赞美，能较快地赢得客户的好感和信任。例如："这位先生，您选购这款产品是为孩子准备的吧？您真是一位称职的家长。"

职场沟通

8. 适当引导客户

在选购产品的时候，大多数的客户都希望对产品有详细的了解，并听从其他人的建议和意见。因此，可以适时地为客户提供选择，但给客户提供的选择不宜过多。给客户提供选择会让客户感到受人尊重，同时，客户自己选择的解决方案在实施的时候也更能得到客户的认可和配合。

三、处理客户异议

我们在与客户沟通的过程中，有时客户会对某些方面提出异议，如果处理不好，不仅会影响沟通效果，也会影响公司、企业的效益、形象。那么当客户提出异议时，我们要如何处理呢？我们可以借鉴下面这些方法。

1. 忽略法

忽略法，顾名思义就是当客户提出一些反对意见，并不是真的想要获得解决方案或讨论时，这些意见和眼前的交易没关系，我们只要面带微笑地同意他所说的就够了。对于一些只是想表现自己的看法更高明的客户的意见，如果我们不分主次地认真处理，不但会浪费时间，而且会有节外生枝的可能。因此，我们只要让客户满足了表达的欲望，就足够了。采用这种忽略法，便于迅速地去展开我们将要谈的话题。

举个例子。我们去拜访一个服装店的经销商，老板一见到我们就开始抱怨说："哎呀！你们这个广告为什么不找××艺人拍呢？如果你们找比较有名的艺人，我早就向你们公司进货了。"这时我们只是面带微笑地说："您说得对。"然后就接着向经销商介绍自己的产品，这就是忽略法。因为这里问题的重点不是请××艺人拍广告，而是要和经销商谈合作。

2. 补偿法

当一位潜在客户说："这个皮包的设计、颜色都不错，令人耳目一新，可惜啊这个皮质不是最好的。"我们可以这样说："您眼力真的特别好，一眼就看出这个皮料不是最好的。如果选最好的皮料，价格可能就要比现在这个价格高出好几倍了。"

这种方法叫作补偿法。也就是当客户提出异议时，有事实根据的，我们应该承认并且欣然接受，强力地否认事实是不理智的行为。我们要给客户得到补偿的感觉，让他感到心理平衡，也就是让他产生以下两种感觉：第一种感觉就是产品的价格跟价值是一致的；第二种感觉是产品的优点对客户是重要的，产品的缺点对客户而言是不太重要的。世界上本来就没有十全十美的产品，当然产品的优点越多越好，但这不是真正影响客户购买与否的关键。这时，补偿就是有效弥补产品本身缺点的方法。

3. 太极法

太极法取自太极拳中的借力使力，就是对方一出招我们就顺势接招再返招的办法。太极法的基本做法是，当客户提出一些不购买的理由时，我们就表示这正是客户要购买的理由，也就是把客户的反对意见直接转换成他必须购买的理由。

比如在保险行业里，客户说他收入少，没有钱买保险。保险业务员可以说就是因为收入少才更需要购买保险，以便从中获得更多的保障。

太极法处理的异议多半是客户不十分坚定的异议，特别是客户的一些借口。使用太极法最大的目的是借处理异议而迅速引起客户购买的欲望。

如何处理客户异议

4. 对比法

当客户提出异议时，我们可以横向地和其他竞争者相比较，通过对比，让客户看到我们在行业中的优势。

5. 转折法

当客户提出异议时，一定不能直接反驳客户，否则容易陷入与客户的争辩中，往往造成非常不好的后果。此时可以使用转折法，根据有关事实和理由来间接否定客户的意见，我们首先承认客户的看法有一定道理，也就是向客户做出一定让步，然后再讲出自己的看法。在使用转折法的过程中要尽量少使用"但是"一词，而实际交谈中却包含着"但是"的意见，这样效果会更好。使用这种方法时一定要保持良好的洽谈气氛，特别注意用词委婉，语气平和，态度诚恳，千万不要伤了客户的自尊心，要为自己的谈话留有余地。比如客户提出服装颜色过时了，我们不妨这样回答："您的记忆真好，这种颜色确实几年前已经流行过了。我想您是知道的，服装的潮流是轮回的，如今又在流行这种颜色了。"

小结与思考

与客户沟通是企业经营活动中最重要的沟通内容之一，在与客户沟通时，要抓住客户心理，利用各种沟通技巧，与客户进行有效沟通。

在与客户沟通时，怎样做能更好地引起客户的兴趣？

第五节　电话沟通

在职场中，经常会使用电话这种工具，电话使人与人的联系更加方便快捷。电话不仅是一种传递信息、获取信息、沟通交流的寻常工具，而且是商务人员所在单位或个人形象的一个载体。电话沟通双方无法面对面进行直接的交流，只能进行"看不见"的交流，这是电话沟通最突出的特征。通常在面对面沟通中起到作用的面部表情、肢体动作等，在电话沟通中起不到任何作用。普通的接打电话，实际上是在为通话者所在的单位、通话者本人绘制给人以深刻印象的电话形象。如果我们忽略了打电话时的一些问题，就会影响沟通的效果，也会影响企业、公司的对外形象。

一、拨打电话的技巧

1. 准备工作

（1）心理准备。电话沟通与面对面沟通有一个很大的区别，那就是在打电话时我们互相看不到对方的面部表情和肢体语言，只能凭借声音来进行沟通，所以声音是电话沟通成败的关键。因此，在电话沟通的过程中，清晰、明确的语言是非常重要的，情绪带来的声音变化直接影响着电话沟通的成败。刚刚和人吵过架或是心情极度郁闷时是不适合打电话的，因为情绪会通过声音传递给对方。所以我们在拨打电话以前先要调整好自己的情绪，用合适的语速，微笑着来拨打电话。

拨打电话的技巧

（2）内容准备。给别人打电话时，如果想到什么就讲什么，往往会忘却了主要事项还毫无觉察，等对方挂断了电话才猛然想起重要的事情忘了说。这样不仅浪费自己和对方的时间，也会给对方留下粗心、不专业、不严谨的印象，甚至会波及我们所在的企业、公司的形象。所以在拨打电话之前，我们可以按下面的内容在纸上列出一个提纲，在手边准备好纸和笔，以方便在打电话时记录问题。

① 电话要打给谁？要先知道、了解对方哪些相应的信息？

② 打电话的目的是什么？

③ 要说明几件事情？它们之间的联系是怎样的呢？

④ 应该选择怎样的表达方式呢？

⑤ 在电话沟通中可能会出现哪些障碍？面对这些障碍，可能的解决方案是什么？

2. 选择合适的时机

打电话时一定要掌握一定的时机，如果没有特殊情况，在下面这些时间尽量不要打电话。

① 午休时间或是临近下班时间。

② 节假日、用餐时间、半夜、清晨。

③ 明知道对方有事情安排时。

④ 涉及国际电话时，因时差关系对方正在休息。

3. 接通电话时的礼仪

当接通电话后，要先问好，并自报家门，确认对方的身份后，亲切、简单地寒暄几句后，向对方说明打电话的意图，商谈有关事项并记录重要的内容。要结束电话的时候，要记得向对方致谢，感谢对方接听电话，然后轻轻地挂断电话。

4. 拨打电话时的礼仪

（1）讲话简明扼要。使用电话，本身是为了排除空间障碍、节约沟通时间，如果沟通者在电话交谈中不能简明扼要、提高效率，那么，沟通会以失败告终。所以，职场中的电话交谈应该力求简洁有力，拒绝长篇大论。通话时要抓住主题、言简意赅，不要讲空话、不要啰唆，更不要偏离主题，节外生枝或者没话找话。尽量在比较短的时间里清楚地表达出自己的意思，切忌通话时间过长。除了必要的寒暄和客套的话以外，一定要少说与业务无关的话题。

（2）注意语速、语调、音量。语速过快会让人听不清楚，语速过慢会让人听着着急，所以语速要适中。语调尽可能平缓，不能过于低沉，也不能过于高亢。音量也要适中，不要太大声或太小声。

（3）拨打电话时的姿势要正确。拨打电话时不要把话筒夹在脖子下，不要趴着、躺着，不要把双腿高架在桌子上，虽然这些不雅观的姿态对方看不见，但是这些姿态会通过声音传递给对方，让对方听出慵懒的感觉。打电话时不能吸烟、喝茶、吃东西。打电话时不要同时还在做别的事情，比如看文件、听广播、看视频等，要聚精会神地打电话，认真倾听对方的话。

（4）注意礼貌。礼多人不怪，多使用礼貌用语。比如"您好""请""谢谢""麻烦您"。

二、接听、转接电话

电话是每个企事业单位重要的交际、通信工具之一，也是员工借以开展工作、内外沟通、上下联系的必不可少的办公工具。接听电话、转接电话是电话沟通的重要组成部分，员工都应掌握正确的接听电话、转接电话的基本原则，从而提高工作效率，更加顺利地完成工作任务，并树立企业形象，维护企业信誉。

接听、转接
电话的技巧

1. 接听电话

（1）电话铃声响了以后，要在合理的时间内接听电话。即使是接听电话这样的小事，也能够反映公司、企业待人接物的真实态度。不要让铃声响很久，也不要铃声刚一响起就立刻拿起电话，这样往往会让打电话的人措手不及，要给打电话的人足够的心理准备时间。一般是铃响两三声以后接听，如果铃声响太久才接电话，会让对方觉得这家公司的管理混乱，都没人接电话，或者是不是已经停止经营了。如果因为工作等原因在电话铃声响了很久以后才接电话，那么一定要在通话前先表示歉意，诚恳地告诉对方："对不起，让您久等了！"

（2）在拿起电话后，要主动向对方问好，并报出本公司或本部门的名称。比如"您好！这里是××公司××部门……"切忌拿起电话就问："喂！找谁？"这样非常不礼貌。

（3）确定来电者的身份，听清来电的目的，并做相应的记录。一定要先搞清楚对方的身份，以免张冠李戴造成不必要的误会，浪费时间。我们在接听电话时，要在短时间内把重要的内容快速、简练地记录下来。

（4）用心倾听对方说话。不要随意打断对方的讲话，也不要在听对方说话时一言不发，要让对方在电话的那一头感觉到我们有在很认真地倾听。

（5）注意自己的语言、声音和情绪。礼貌的语言、温和的声音、愉快的情绪，这些都能通过电话传递到对方的耳朵里，对方虽然看不到我们，但是能感受到我们的态度。

（6）复述来电要点。电话快要结束时，向对方复述一遍来电的要点，比如对时间、地点、联系电话等一些重要的信息进行核查校对。一方面尽可能避免错误的发生，另一方面会让对方觉得我们很认真、严谨、专业。

（7）有礼貌地结束电话。

2. 转接电话

（1）保持客气的语气转接。很多人在拿着话筒时，通常会比较注意自己的语气，会说"您找哪位？""请您稍等！"放下电话找人时，往往忘了对方还能听见，变得很随便，如常说"是个男的"，或者说"一个有外地口音的人"。当对方在电话里听到这些话时，会感到不愉快。因此转接电话时，要同样用客气的方式叫人，而不要做任何评价。

（2）做好电话记录。如果对方要找的人不在，要做好电话记录工作，记录内容包括什么人、什么时间打的电话，大概要说什么事（如果对方不愿意说不必强求），对方有什么要求，比如一看到字条马上回电话，还是晚点再打电话，等等。通常，很多人在转接电话时不予记录或者记录得非常简单，只有姓和电话号码，这样对方要找的人工作繁忙的话，这种电话可能得不到及时回复。

（3）确认对方姓名、身份时尽量用褒义词。替人转接电话，确认对方姓名、身份时，要尽量用褒义词，不要脱口而出，用习惯用语去确认对方的姓名。比如"您姓孙，是孙子的孙吗？""您姓冷，是冷淡的冷吗？"这会让对方听了感到不愉快，其实可以改成"是孙子兵法的孙吗？""是冷热的冷吗？"在记录对方电话号码时，则一定要复述、核实，以免记错。

（4）未经要接电话者同意不要轻易将其手机号码告诉来电者。转接电话时，如果来电者要找的人不在，对方询问手机号码时，转接者一定要经过要接电话者的同意才能把其手机号码告诉来电者，否则可能严重干扰到要接电话者的工作或生活。

┃　　　　　　　　　　　　小结与思考

在工作中进行的电话沟通，会为企业树立一种电话形象，这是企业员工在通话的整个过程中的语言、声调、内容、表情、态度、时间感等的集合。它能够真实地体现出通话者的素质、待人接物的态度以及所在单位的整体水平。因此，在进行电话沟通时，一定要注意沟通的内容、技巧。

在日常的电话沟通中，你遇到过哪些尴尬的瞬间？

第六节　网络沟通

现代社会日新月异，随着信息技术的不断发展，我们可以选择的沟通工具也越来越多。除了传统的书面沟通、面对面沟通、电话沟通之外，我们还可以利用互联网进行网络沟通。

一、网络沟通概述

网络沟通就是以互联网为工具，以文字、声音、图像及其他多媒体为媒介的沟通方式。这里所指的网络沟通的主体是企业等组织，沟通媒介是计算机网络，沟通对象是企业等组织的内部和外部公众。网络沟通是电子沟通的一种，需要借助计算机网络来实现相互间的沟通，主要手段包括建立企业网站、电子邮件传递，设立领导信箱、讨论区，建立信息管理系统，搭建即时通信工具平台，等等。在网络沟通中，由于网络覆盖了许多文化背景、经济背景以及受教育程度不同的用户，交流中极有可能产生误解和对立，因此遵守网络沟通的规则和礼仪十分重要。

1. 网络沟通的特征

网络作为继报纸、广播、电视之后出现的第四种具有超强影响力的传播媒介，具有其他媒介无法替代的功能，在信息沟通方面发挥着重要的作用。网络沟通与传统沟通方式相比，具有以下特点。

（1）信息资源十分丰富、容量大

由于网络信息技术的不断进步，互联网成为一个信息和知识的宝库。在以往传统的沟通方式中，无论是人际沟通还是大众沟通都会不同程度地受到时间、空间等各种因素的干扰和影响，而网络沟通容量巨大，它不仅可以跨越地域、文化和时空，而且可以通过"超链接"功能把信息连接到其他相关信息上，使互动式信息容量远远超过现实世界中的静态信息。

（2）沟通的互动性、多维性、即时性、直复性

网络沟通不仅是媒体作用于用户，更多的是用户作用于媒体，用户可以对网络信息进行阅读、评论或下载，进行加工和处理。网络沟通不仅能向用户显示文字资料，还能同时显示图形、活动图像和声音，人们可以通过留言，或直接通话，或直接视频沟通，实现即时交流。所谓直复性沟通，是指企业和公众通过网络直接连接进行沟通。不像以往的沟通方式，网络沟通节省了中间很多编辑加工环节，可以立即发布信息。企业也可直接面向消费者发布新闻，或者通过查询相关的新闻组、网络论坛来发现新的顾客群，研究市场态势，直接得到大量真实的信息反馈等。

（3）空间的开放性、虚拟性和相对平等性

网络空间面向每一个人，人人都可以利用网络发表自己的观点、见解，既可以利用网络展示自己的技能，也可以利用网络发表自己的作品等。空间的开放性、虚拟性，决定了沟通的相对平

等性。人们可以实名或匿名运用网络进行相对自由的沟通。

（4）沟通形式多样，可选择的沟通工具众多

人们既可以在网上浏览信息、阅读电子图书、进行英语对话交流、观看电视和电影，也可以玩游戏、作画、健身；既可以一对一交流，也可以群体交流。近年来，即时通信工具的种类越来越多、功能越来越强大、使用越来越方便，而且还十分经济，很多功能可以免费使用。

2. 网络沟通策略

（1）彼此尊重，以人为本

网络沟通中需要彼此尊重，如在QQ聊天当中，有些不熟悉的人一上来就发视频请求，更有甚者你若不接就不停地发，这是对对方极不尊重的做法。网络交往必须以尊重他人为基础。网络礼仪的核心原则之一是适度，把握分寸正是人性和人心所能接受和需要的，能够有效地塑造个人形象和表现个人的修养和气质。

网络礼仪的根本就是人，人作为网络的主体，网络沟通中一切以人为中心。

（2）讲究礼仪，加强修养

在网络世界，也要讲究礼仪。网络礼仪使网络用户能够遵守网络公约，做一个有礼貌、有规矩，懂得保护自己，避免伤害别人的网络公民。网络礼仪主要包括正确、简洁、清楚、安全与隐私以及友善与尊重五大内容。

3. 网络沟通工具

现代网络运用电子媒介和各种电子沟通工具，为人们提供了经济实惠、方便快捷的信息服务。新的网络沟通工具不断涌现，功能日益完善，使用者越来越多，影响范围越来越大。网络沟通常见的工具包括电子邮件、即时通信工具、电子论坛等。

五大精神

二、微博、微信礼仪

微博是近些年兴起的一种网络传播和交流的方式，是一种通过关注机制分享简短信息的广播式的社交网络平台。微博用户可以相互关注，可以共享信息，可以交朋结友，而且微博使用起来极为方便和快捷。微博上的一言一行，都能体现出每个用户的不同学识、气质与素养。而企业的官方微博则更是一个直接的窗口，展现一家企业、一个品牌的内涵。因而，不论是个人的微博，还是企业的微博，都应特别注重礼仪规范。

当下，网络即时通信工具几乎成了最受欢迎的网络工具。人们可以通过这些即时通信工具联络事宜，与远方的协作客户交谈，轻轻敲几下键盘就可以解决问题。现在使用最广泛的网络即时通信工具就是QQ和微信。

1. 尊重为本，文明交流，客观评论

使用微博、微信的礼仪，其实和我们平常的交际礼仪和电话礼仪一样，尊重别人是第一位的。使用微博、微信时的语言应当文明、礼貌、生动、风趣。在网上与人交流时，应确保用语的规范和文明，不得使用攻击性、侮辱性语言。生气时尽量不发微博，别让自己的情绪影响别人；发送前一定要检查是否有错别字，转发时必须确保自己了解这件事情，评论别人的微博时要了解原文，客观地发表自己的意见，不能信口雌黄，更不能随意骂人，语言粗俗。这些都是基本的微博礼仪。发布微信朋友圈时，针对网络上传播的真真假假的消息，要保持清醒的头脑，增强辨识能力，不要轻信他人所言，不要人云亦云、以讹传讹，更不能随意发布假消息。对一个问题有争议时，争论是正常的现象，但是一定要以理服人，不要进行人身攻击。不论一个人说了什么，都要对自己的言论负责，尤其是当你说出来的话会伤害别人，会对别人造成困扰时，更应该负起责任来。

2. 礼尚往来，相互关注

微博、微信是网络社交平台，在微博、微信上同样讲究礼尚往来，多鼓励和肯定别人，少说教和批评别人。在微博、微信上不能泄露他人隐私，不能随意发表未经他人同意、带有个人隐私性质的内容和图片。

3. 注意时间

微信联系一般以私人目的为主，但也有因公联系的。不管是发语音还是文字或图片，都要注意时间，避开对方不方便的时候，特别是休息的时候。除非你们有约定，否则不应该在上午7时前、晚上10时后联系对方。如果是因公联系，晚上7时、8时后就应避免联系。千万不要大半夜乱发信息，那是骚扰别人，是不礼貌的。

4. 官方微博、微信公众号注意形象

企业的官方微博就代表着企业的形象。所以，维护企业的官方微博，也就是在维护企业的形象。在具体操作上应尽量减少和避免微博内容编辑和客服人员的个人行为，要以亲和、干练的职业化水准来进行。企业的微信公众号要对大事件高度敏感，对于一些公众最为关心或是当前的热点，不妨多加转发；对于一些公益活动，不妨积极参与并转发；对于企业客户，要全心全意服务，并在服务中提升企业的形象。现在，微信公众号越开越多，微信公众号也要讲究形象，遵守基本道德。

小结与思考

网络沟通突破了时间与空间的界限，使人与人之间的沟通不再受时空的限制，人们步入了一种新型的沟通环境之中。虽然网络沟通与传统的面对面沟通、书面沟通、电话沟通有很大区别，但沟通者仍然要遵守沟通礼仪。

在日常的网络沟通中，还要注意哪些沟通礼仪？

实操训练

任务一：向上级请示、汇报工作

实训活动：情景扮演。

实训目的：体会与上级沟通的方式。

实训道具：桌椅。

实训过程：

1. 学生自由组合，4人一组。

2. 教师给出题目"下级向上级请示、汇报工作"，要求每组由2人扮演上级，2人扮演下级，依次进行2个题目的情景扮演。

3. 游戏结束后，小组成员讨论下级扮演者在向上级扮演者请示、汇报工作时，哪个同学的沟通方式较好，好在哪里，同时找出存在的问题。

4. 讨论结束后，角色互换（刚才扮演下级的小组成员扮演上级），重复上面的游戏程序。

5. 小组内部讨论，并选1位代表总结心得。

实训反思：

1. 与上级沟通时哪种方式最有效？

2. 与上级沟通时需要注意哪些问题？

3. 如何提高与上级沟通的能力？

任务二：向下级下达指令

实训活动： 拼图。

实训目的： 体会如何与下级沟通。

实训道具： 两套不同颜色混杂的剪纸图片、桌椅。

实训过程：

1. 学生自由组合，5人一组，其中一人扮演上级，其余4人扮演下级。

2. 上级和下级背对背，并隔开一定距离。教师将一套剪纸图片拼搭成一幅图形放在上级面前的桌子上，在下级面前的桌子上随意堆放另一套剪纸图片。

3. 让上级指导下级拼搭一个和自己面前的图形完全相同的图形，数量、颜色、位置、形状都要相同。

4. 只允许单向沟通，这意味着上级只能向下级下达指令，而下级不能提问，需要强制执行指令。

5. 当下级按照上级的指令拼搭好图形后，教师立即向他们提出下列问题。

（1）你们只能单方面接收指令，有何感受？

（2）你们认为自己拼搭的图形和上级面前的图形有多相近？

6. 向发指令的上级提出下列问题。

（1）你认为自己的指令清楚吗？

（2）游戏过程中你有何感受？

（3）你认为下级拼搭的图形和自己面前的图形接近吗？

7. 让大家观看后，对两个拼搭的图形进行比较。

8. 引导学生就上下级沟通、上级下达命令的技巧等问题展开讨论。

9. 再找一组学生，重复游戏，但这次允许双向沟通，下级可以提问。

实训反思：

1. 上级如何有效地下达命令？

2. 上级与下级沟通时需要注意哪些问题？

任务三：平级沟通

实训活动： 穿越地雷阵。

实训目的： 体验与平级进行积极沟通的重要性和所需要的技巧。

实训道具： 眼罩，两根约10米长的绳子，若干报纸。

实训过程：

1. 选一块宽阔平整的游戏场地。

2. 安排不参加游戏的学生做监护员。当参加游戏的人较多时，游戏场地会变得非常喧闹。这是一个有利因素，因为这会使穿越"地雷阵"的人无所适从，难以分清听到的指令是来自自己的搭档，还是来自其他人。

3. 让每个参加游戏的学生找一个搭档，组成一队。

4. 给每一队发一个眼罩，每队中有一个人要戴上眼罩。

5. 参加游戏的学生都蒙好眼睛后，教师就可以开始布置"地雷阵"了。把两根绳子平行放在地上，绳距约为10米。这两根绳子表示"地雷阵"的起点和终点。

6. 在两绳之间尽量多铺上一些报纸（表示地雷）。

7. 戴上眼罩的队员在搭档的牵引下，走到"地雷阵"的起点处站好。搭档后退到队员身后两米处，并在此处指导蒙眼者穿越"地雷阵"。

8. 看哪一队能够又快又安全地穿越"地雷阵"。

实训反思：

1. 哪一队率先通过了"地雷阵"？

2. 游戏过程中遇到了什么问题？

3. 指挥者能做到指令清晰吗？

任务四：与客户沟通

实训活动：销售商品。

实训目的：体验如何与客户进行良好的沟通。

实训道具：某件商品。

实训过程：

1. 教师将学生分成2人一组，其中A扮演销售人员，B扮演客户。

2. 情景：A现在要将公司的某件商品卖给B，而B则想方设法地挑出该商品的各种毛病，A的任务是一一回答B的这些问题，即便是一些吹毛求疵的问题也要回答得让B满意，不能伤害B的感情。

3. 交换角色，然后再做一遍。

4. 由其他同学进行评判，选出最令客户满意的销售人员。

实训反思：

1. 对于A来说，B的态度让你有什么感觉？在现实的工作中你会怎样对待这种客户？

2. 对于B来说，A怎样才能让你觉得很受重视，很满意？如果在交谈的过程中，A使用了"不""你错了"这样的负面词汇，你会有什么感觉？谈话还会成功吗？

任务五：电话沟通

实训活动：接打电话。

实训目的：体会如何接听来自客户的电话。

实训道具：电话。

实训过程：

1. 教师将学生分成2人一组，其中一个扮演4S店客服，另一个扮演打电话的客户。

2. 情景：4S店客服接到客户的抱怨电话，客服已经向这位客户耐心做出解释了，但这位客户依旧得理不饶人，数落不停。

3. 客服通过努力，在电话里让客户消气并满意。

4. 交换角色，然后再做一遍。

5. 由其他同学进行评判，选出最令客户满意的客服。

实训反思：

1. 讨论每组学生在演练过程中表现好的地方和需要完善的地方。

2. 电话沟通过程中要注意哪些礼仪？

任务六：网络沟通

实训活动： 制定网络沟通行为准则。

实训目的： 明确网络沟通的基本规则和礼仪。

实训道具： 桌椅、纸笔。

实训过程：

1. 教师将全班同学分组，4～6人一组。

2. 每组同学结合所学网络沟通知识和自身使用网络的体会，制定出一份网络沟通行为准则。

3. 每组派一个代表宣读本组制定的网络沟通行为准则。

4. 各组互相评判、比较，总结出一份比较完善的网络沟通行为准则。

实训反思：

1. 在进行网络沟通时，你遇到过哪些让你觉得不舒服的事情？

2. 在进行网络沟通时，你做过哪些不遵守礼仪的事情？

实训项目评价： 学生小组针对网络沟通行为准则分析讨论，对每个成员的网络沟通行为准则进行评价，并完成评价表（见表4-1）。

表4-1　网络沟通行为准则评价表

评价指标	分值	得分
正确表述	20	
语言简洁	20	
清楚描述	20	
网络安全意识	10	
保护个人及他人隐私	10	
态度礼貌、友善	10	
尊重他人	10	
总分	100	

学习检测

一、判断题

1. 上级在下达命令时不需要交代清楚，要让下级自己去领会意图。（　　）

2. 上级下达命令时不需要考虑下级愿意接受命令与否，只管下命令就可以。（　　）

3. 上级不能随意赞美下级，否则会失去上级的威严。（　　）

4. 上级不能当众夸赞下级，会让下级骄傲、自满。（　　）

5. 上级批评下级一定要在大庭广众之下，人越多越好，越严厉越好。（　　）

6. 上级批评下级时不要害怕伤害下级的自尊和自信心，越严厉、刻薄越好，这是激将法。（　　）

7. 向领导请示汇报工作不需要提前做准备，想到什么就直接找领导汇报。（　　）

8. 向领导请示汇报工作，汇报内容越详尽越好，时间越长越好。（　　）

9. 和同事每天都在一起工作，非常熟悉了，不需要客套讲礼貌，否则会显得很见外。（　　）

10. 不要总夸赞身边的同事，否则会显得自己很差。（　　）

11. 第一次见客户时，一定要打扮得非常漂亮，才能给客户留下好印象。（　　）

12. 为了给客户留下好印象，一定要好好奉承、巴结客户。（　　）

13. 我们要不断地说，将我们的理念强加给客户，不需要听客户的想法。（　　）

14. 一旦我们的目的达成了，就不需要再去维护客户关系了。（　　）

15. 想起来什么事情随时就可以给对方打电话，不需要做什么准备。（　　）

16. 工作中打电话时，对方是看不到自己的，所以趴着、躺着，怎么舒服就怎么打电话。（　　）

17. 工作中接听电话时，对方是看不到自己的，所以不用在意语气、情绪。（　　）

二、简答题

1. 在请示汇报之前要做充分的准备，那么要做哪些准备工作呢？

2. 如何赞美下级？

3. 与同事相处有哪些禁忌？

4. 当你拜访一位比较年长的客户时，如果使用请教接近法，应该如何开展沟通？

5. 如果来电者口音很重听不清楚，应该怎样妥善处理？

三、思考题

"销售冠军"的客户沟通

　　王先生一家三口想在市区买一套新房子，经过综合的分析和对比后，他选定了市区较为繁华地段的一个楼盘。王先生先后三次走进楼盘的售楼处，遇到了三位不同的销售：小A、小B和小C。第一次，他一个人先去售楼处考察了一下，小A接待了他。刚入职的小A很热情地询问王先生的购房动机、家庭情况、孩子读书情况和爱人就业情况，王先生想仔细了解一下房屋的建筑质量和房型，但苦于一直被询问，可是看着小A热情、年轻的脸，王先生想生气又生气不起来。第二次，王先生跟好朋友再度考察了该楼盘，有着多年销售经验的小B接待了他。小B先是在售楼处门口热情地迎接了王先生，并及时递送了自己的名片，然后引导王先生到沙盘旁，对楼盘的整体情况做了简单介绍后，先退到了一旁，暂时休息一会儿，也给王先生考虑和观察楼盘的时间。这时，又进来几位看房者，小B又忙着接待去了，王先生数次抬头想咨询小B时，发现小B分身乏术。王先生跟朋友有点失望地走出了售楼处。过了大半个月，王先生带着家人第三次来到了售楼处，这次接待他的是小C。小C有着多年的楼盘销售经验，销售业绩一直都很好，是公认的"销售冠军"。他看到王先生一家下了车往售楼处门口走过来，他热情地走上前，跟大家打招呼，还拿了一个粉色的小玩偶送给王先生6岁的女儿。他先引领王先生一家在等候区入座，并周到地为王先生准备了一杯绿茶，为王太太准备了一杯热红茶，然后开始轻松地跟王先生一家交谈。他询问了王先生的购房目的，了解到王先生是想改善住房条件的二次购房者，并且对该楼盘比较看好，购买意向比较大。简单地介绍后，小C带领王先生夫妇二人仔细查看了沙盘及销售情况，选出备选房型，还介绍了该楼盘周边的建设规划和发展情况。看到王先生夫妇都表现出很满意的情绪后，小C带领他们参观了样板房，样板房的设计让王太太非常心动，看房过程中她不停地在规划以后家里的布置和装修。参观完样板房后，王先生夫妇脸上露出满意的笑容，小C这时告知近期公司推出了优惠活动，对于王先生想要购买的房型，这样的优惠活动平时是很少的，而且活动的截止期限很快就要到了。王太太表示非常愿意当天就签订购房协议书，王先生还在犹豫，这时小C又拿出近期的销售统计表，告诉王先生楼盘自推出后，销售一直非常火爆，他就算愿意帮王先生暂时保留这套房子，也不能保证一定能保留成功，如果有其他客户当场签订购房合同，他就无能为力了。王先生听了小C的话后，也表示当天就签订购房协议书，并交了购房保证金。

1. 三位销售在与客户沟通过程中的区别体现在哪些方面？

2. 在与客户沟通的过程中，需要注意哪些方面？

团队篇

第五章
团队基础

学习目标 ——————————————————————————

【知识目标】

- 能说出团队的内涵和团队的特征。
- 能说出群体的内涵并理解团队和群体的区别。
- 能说出团队的发展阶段和发展各阶段的特征。
- 能说出团队的组建技巧及原则。
- 能说出形成团队凝聚力的要求和组成团队的不同角色。

【能力目标】

- 能够在实际情景中，解决新团队的组建问题。
- 能够根据团队发展阶段，处理成员之间的问题。
- 能够在实际情景中提升团队的凝聚力。
- 能够在团队中找准自己的角色定位。
- 能够处理跟团队中其他成员之间的关系。

【素养目标】

- 通过学习沟通技巧，可以促进人与人之间的相互理解，互相尊重，建立和谐的人际关系。
- 理解团队成员的关心爱护，在相互理解的基础上化解分歧。
- 正确看待不同背景的差异。懂得尊重差异，尊重他人。

团队模块学习
指导

知识梳理

第一节　团队的内涵及发展阶段

团队内涵及
优势

一、团队的内涵

"团队"二字拆开，即由"口""才"和"耳"的"人"组成的组织。"团队"一词的英文为 team，t 代表 together（一起），e 代表 each other（相互协作），a 代表 aim（目标），m 代表 member（成员）。其含义是通过其成员的共同努力能够产生积极协同作用的最低层次的组织。要被称为团队，这一群人必须作为一个集体去追求某个或某些共同目标，最终或成功或失败。一群人只要满足了以上定义就可以称为团队。

关于团队的内涵，各方观点有一些小的差异。比如：有些学者认为团队是由两个或者两个以上的，相互作用、相互依赖的个体，为了特定目标而按照一定规则结合在一起的组织；有些学者认为团队是由员工和管理层组成的一个共同体，它合理利用每一个成员的知识和技能协同工作、解决问题，实现共同的目标。

综合各学者对团队的理解，从四方面对团队内涵进行解读。第一，团队成员数量。团队是由两个或者更多的人组成的群体，一个人不能形成团队。第二，团队成员共担责任，共享信息，充分发挥积极性，主动性，努力实现团队目标。第三，团队成员有共同的基础知识，各自又具有不同的专业特长，形成互补性。第四，团队成员的工作分配，时间安排、技能安排需要统筹协调。综上，给出团队的定义：团队由两个或两个以上的人组成，通过彼此协调各自的活动来最终实现共同的目标。

二、团队的特征

1. 共同的目标

每个组织都有自己的目标，团队也不例外，正是在这一目标的感召下，团队成员凝聚在一起，并为之共同奋斗。对于一个项目，为使团队工作有成效，就必须有明确的目的和目标，并且每个团队成员必须对要实现的目标及其带来的收益有共同的思考。因为成员在团队中扮演多种角色、做多种工作，还要完成多项任务，工作任务的确定要以明确的目标和成员间的良好关系为基础。

团队有一个共同的憧憬，这是团队得以存在的主观原因。团队的共同目标是共同憧憬在客观环境中的具体化，并随着环境的变化而变化。每个团队成员都了解它、认同它，都认为共同目标的实现是实现共同憧憬的最有效途径，这样才能激发团队成员的激情。

2. 合理分工与协作

每个团队成员都应该明确自己的角色、权限、任务和职责，在明确目标之后，必须明确各个成员之间的相互关系。如果每个成员彼此隔绝，大家都埋头做自己的事情，就不会形成一个真正的团队。每个成员的行动都会影响他人的工作，因此，团队成员需要了解为实现目标而必须做的工作以及相互间的关系。

3. 高度的凝聚力

凝聚力是维持团队正常运转的所有成员之间的相互吸引力。团队对成员的吸引力越强，成员

团
队
基
础

遵守规范的可能性越大。一个有成效的团队，必定是一个有高度凝聚力的团队，它能使团队成员积极、热情地为达成目标付出必要的时间和努力。

影响团队凝聚力的因素有团队成员的共同利益、团队规模的大小、团队内部的相互交往和合作。团队凝聚力随着团队成员需求的满足而加强；团队规模越小，团队成员彼此交往和合作的机会就越多，就越容易产生凝聚力；经常性的沟通可以提高团队的凝聚力；团队目标带来的压力越大，往往越可以增强团队的凝聚力。

4. 团队成员相互信任

成功团队的另一个重要特征就是信任，一个团队能力的大小受到团队内部成员相互信任程度的影响。在一个有效的团队里，成员会相互关心，承认彼此存在的差异，信任其他人所做和所要做的事情。在任何团队中都有不同意见，要鼓励团队成员将其意见自由地表达出来，大胆地提出一些可能产生争议或冲突的问题。团队领导应该认识到这一点，在团队建立之初就应当建立信任，并通过委任、公开交流、自由交换意见来推进成员之间的信任。

5. 有效的沟通

有效的团队还需具有高效沟通的能力。团队拥有全方位的、各种各样的、正式的和非正式的信息沟通渠道，能保证沟通的直接和高效。沟通不仅是信息的沟通，更重要的是情感的沟通，团队内要充满开放、坦诚的沟通氛围，成员要倾听、接纳其他成员的意见，并能经常得到有效的反馈。

三、团队与群体的区别

群体由两个或更多相互作用和相互影响的个体所组成。所有的群体都有一个共同的特征，即群体成员间有着彼此的互动，而且群体的存在是有原因的。例如，为了满足某种需要，提供信息或者实现统一的目标等。可见，同一电影院的观众、同一架飞机的乘客仅能说是一个集合体，而不是一个真实的、有互动的群体。

群体所有成员彼此之间必须有一种可观察到的和有意义的联系方式；个体间的互动使人们成为一个群体，并为一个共同目标而努力奋斗。某学者认为群体是通过某种纽带联系在一起，并具有不同程度内聚力的一群人。

可以说，"团队"一词源自群体，又高于群体。所谓群体，是指为了实现某个特定目标，两个或两个以上相互作用、相互依赖的个体的组合。在优秀的工作群体中，成员之间有一种相互作用的机制，他们共享信息、做出决策，帮助其他成员更好地承担责任、完成任务。这其实已经蕴含着一些"团队"的精神。但是，在工作群体中的成员，不存在成员之间积极的协同机制，因而群体的总体绩效是小于个人绩效之和的。

团队和群体经常容易被混为一谈，但它们之间有根本性的区别，汇总为六点。

（1）领导方面。作为群体应该有明确的领导人；团队可能就不一样，尤其团队发展到成熟阶段时，成员共享决策权。

（2）目标方面。群体的目标必须跟组织保持一致，但团队中除了这点之外，还可以产生自己的目标。

（3）协作方面。协作性是群体和团队最根本的差异，群体的协作性可能是中等程度的，有时成员还有些消极、有些对立，但团队是齐心协力的。

（4）责任方面。群体的领导者要负很大责任，而团队中除了领导者要负责之外，每一个团队成员也要负责。

（5）技能方面。群体成员的技能可能是不同的，也可能是相同的，而团队成员的技能是互补的。团队把不同知识、技能和经验的人综合在一起，形成角色互补，从而达到整个团队的有效组合。

（6）结果方面。群体的绩效是个体绩效之和，团队的结果或绩效是由大家合作完成的产品或服务。

四、团队的发展阶段

1. 成立阶段

（1）成立阶段的内容

团队发展阶段
和发展方法

在团队的成立或者创建阶段要完成团队方案的规划和其他准备工作，一般要花费几个月的时间。

在这个阶段，首先要考虑团队的定位问题，形成团队的内部结构框架，这就需要明确以下问题。

第一，是否需要组建这支团队？

第二，要创建一个什么样的团队？

第三，团队的主要任务是什么？

第四，团队中应该包括一些什么样的成员？

第五，如何进行团队的角色分配？

第六，团队的规模控制在多大？

对这些问题，创建者必须拿出一个明确的规划来。

其次要建立起团队与外界的初步联系，这包括：

第一，建立起团队与组织的联系；

第二，确立团队的权限；

第三，建立与团队运作相适应的制度体系，如人事制度、考评制度、奖惩制度等；

第四，建立团队与组织外部的联系与协调的关系，如建立与企业顾客、企业协作者的联系，努力与社会制度和文化取得协调等。

这一阶段结束时，团队的每个成员都应该清楚本团队的愿景。

（2）成立阶段的团队领导工作

团队的成立必须得到上级领导的支持。在团队初创时，需要在整个组织内部挑选成员，这就涉及组织内部的协调和沟通问题。团队创建者一定要明确本团队直接向谁负责，谁是团队的最终裁定者，并争取得到他的支持。

团队创建者需要花大量的时间和精力来带动自己的团队，因此责任重大。首先，创建者必须明确团队的目标、监控工作的进程并协调与外部的关系；其次，要促进团队成员之间的信任与合作，鼓舞团队成员的士气，培养团队精神。

（3）成立阶段的心理压力

当团队最初形成时，团队成员往往会经历一种意向性阶段。由于在最初的团队形成过程中，团队成员之间并不熟悉，这就会给成员的彼此交往带来一些紧张感或压力，成员们大都表现出一种礼节性或礼貌性的交往。但随着时间的推移和彼此之间的了解，团队成员之间加深了认识，大

团队基础

家都意识到一种相互存在的关系，也即意识到团队和团队性的存在。

2. 震荡阶段

团队成员在熟悉之后开始逐渐表现出自己的情绪，同时也会表现出拒绝和不满，从而给团队工作带来冲突。如果不能够及时解决冲突或冲突进一步扩散或升级，那么即使是小的矛盾或冲突，也可能造成整个团队的动荡。

（1）震荡阶段的问题

震荡阶段的团队可能有以下表现：

第一，团队成员们的期望与现实脱节，出现不满情绪；

第二，有挫折感和焦虑感，对团队目标能否完成失去信心；

第三，团队中人际关系紧张，冲突加剧；

第四，对领导不满，当出现问题时，个别成员甚至会挑战领导的权威；

第五，组织的生产力持续遭受打击。

（2）震荡阶段的措施

在震荡阶段，首先，团队管理者要安抚人心，这是该阶段最重要的措施。管理者要认识并能够处理冲突，协调关系。其次，管理者可以鼓励团队成员对有争议的问题发表自己的看法，在团队间进行积极、有效的沟通。再次，要建立团队的工作规范，管理者要以身作则。最后，管理者要适时调整角色，适度对团队成员授权，鼓励团队成员参与决策，提高成员的自主性和积极性。

3. 规范化阶段

经过一段时间的震荡，团队开始逐渐走向稳定和成熟。在规范化阶段，团队成员产生了强烈的团队认同感和归属感，团队表现出一定的凝聚力。团队成员的人际关系由分散、矛盾逐步走向凝聚、合作，彼此之间表现出理解、关心和友爱，并再次把注意力转移到工作任务和团队目标上，关心彼此的合作和团队的发展，并开始建立工作规范和流程，团队的工作特色逐渐形成，成员们的工作技能也有所提高。这一阶段是团队文化建设最有利的时期。团队管理者可进一步培养成员互助合作、敬业奉献的精神，增强成员对团队的归属感和凝聚力，促进团队价值观的形成，并鼓励团队成员为共同的目标尽责。

此阶段团队面临的最大问题是团队成员害怕遇到更多冲突而不愿正面提出自己的建议。这时管理者就应通过增强团队成员的责任心和建立成员之间的信任感，营造自由、平等的团队氛围。

4. 高产阶段

（1）高产阶段的内容

团队在高产阶段的表现如下：

第一，团队成员具有一定的决策权，自由分享组织的信息；

第二，团队成员信心强，具备多种技巧，能协力解决各种问题；

第三，团队内部采用民主的、全通道的方式进行平等沟通，化解冲突，合理分配资源；

第四，团队成员有着成就事业的高峰体验，有完成任务的使命感和荣誉感。

（2）高产阶段的团队领导工作

在此阶段，团队管理者应考虑以下工作：

第一，思考和推动变革，更新业务流程与工作方法；

第二，提出更具挑战性的团队目标，鼓励和推动成员不断成长；

第三，监控工作的进展，通过承诺而非管理达到更佳效果；

第四，肯定团队的整体成就，承认团队成员的个人贡献。

5. 调整阶段

随着工作任务的完成，很多团队都会进入调整阶段。团队可能有以下几种结局。

（1）团队解散

为完成某项特定任务而组建的任务型团队会伴随着任务的完成而解散。在这一阶段，团队成员的反应差异很大：有的很乐观，沉浸于团队的成就中；有的则很伤感，惋惜在团队中建立的合作关系不能再持续。

（2）团队休整

另一些团队，如大公司的执行委员会在完成阶段性工作任务之后，开始休整而准备进入下一个工作周期，其间可能会有团队成员的更替，即可能有新成员加入，或有原成员流出。

（3）团队整顿

表现不如人意的团队进入休整期后可能会被勒令整顿，整顿的一个重要内容就是优化团队规范。

小结与思考

本节讲述团队的内涵、发展阶段和阶段特点。请思考，你加入一个新团队，应该如何利用所学知识快速适应社团氛围。

第二节　团队的组建技巧

团队建设的技巧

在探讨组建一个成功团队的技巧之前可以先看看《西游记》中唐僧师徒这个经典的团队。

一、成功团队的特点

1. 角色齐全

唯有角色齐全，才能实现功能齐全。正如贝尔宾博士所说："用我的理论不能断言某个群体一定会成功，但可以预测某个群体一定会失败。"所以，一个成功的团队首先应该具备实干者、信息者、协调者、监督者、推进者、凝聚者、创新者和完美主义者这八种角色。

知行合一

西天取经案例分析

为了完成西天取经任务，组成取经团队，成员有唐僧、孙悟空、猪八戒、沙和尚、白龙马。其中，唐僧是项目经理，孙悟空是核心技术人才，猪八戒和沙和尚是普通成员，白龙马是唐僧的座驾。团队成员介绍如下。

团队基础

团队基础

唐僧作为项目经理，有坚韧的品性和极高的原则性，不达目的不罢休，又很得上司支持和赏识。他直接得到唐太宗的任命，唐太宗既给袈裟，又给金碗；还得到各路神仙的广泛支持和帮助。沙和尚言语不多，任劳任怨，承担了项目中挑担这项工作。猪八戒这个成员，看起来好吃懒做、贪财好色，又不肯干活，最多牵下马，好像留在团队里没有什么用处。其实，他的存在还是有很大用处的。因为他性格开朗，能够接受任何批评，而毫无心理负担，在项目组中，承担了"润滑剂"的作用。孙悟空是这个取经团队里的核心成员，但是他的性格有点桀骜不驯。白龙马是唐僧办公用的座驾，是其身份、地位的象征。

作为团队领导者和协调者的唐僧，虽然做事缺乏果断，不够精明，但对团队目标抱有坚定信念，以博爱和仁慈之心在取经途中不断地教诲和感化着众位徒弟。孙悟空是一个不稳定因素：虽然能力高强，交际甚广，疾恶如仇，但桀骜不驯，喜欢单打独斗。但是他对团队成员有着难以割舍的深厚感情，为达成取经的目标愿意付出任何代价。猪八戒对团队内部起着重要的协调作用，他随和、健谈，是唐僧和孙悟空这对固执师徒之间的"润滑剂"和沟通桥梁，虽然好吃懒做使他经常成为挨骂的对象，但他从不会因此心怀怨恨。沙和尚则是每个团队都不能缺少的成员，任劳任怨，从不争功，是领导的忠实追随者，起着保持团队稳定的基石作用。从案例中总结出团队组建的四个特点：角色齐全，用人所长，尊重差异，实现互补。

2. 容人短处，用人所长

知人善任是每一个管理者都应具备的基本素质。管理者在组建团队时，应该充分认识到各个角色的基本特征，容人短处，用人所长。在实践中，真正成功的管理者，对下属的秉性、特征都了解得很透彻，而且只有在此基础上组建的团队，才能真正实现气质结构上的优化，成为高绩效的团队。

3. 尊重差异，实现互补

对于一份给定的工作，完全合乎标准的理想人选几乎不存在，没有一个人能满足所有的要求。但是一个由不同的个体组成的团队却可以完美地完成工作，这正是因为团队角色在气质结构上实现了互补。也正是这种系统上的异质性、多样性，使得整个团队充满活力。

二、团队组建的原则

1. 经济效益原则

团队的组建要以团队需要为依据，以保证经济效益的提高为前提。它既不是盲目地扩大团队成员队伍，也不是单纯为了解决当前业务，而是为了保证团队整体效益的提高。

2. 互补原则

团队与一般群体的重要差别在于团队能更好地实现技能互补，增强合力效果。为此，团队应当遵循技能差异化互补原则来甄选、培训其成员，从而构建更为健全、综合能力更强的高效团队。

3. 任人唯贤原则

在人员选聘方面，应大公无私、实事求是地发现人才、爱护人才，本着求贤若渴的精神，重视和选用确有真才实学的人。这是团队不断发展壮大、走向成功的关键。

4. 因事择人原则

因事择人是指人员的选聘应以职位的空缺和实际工作的要求为出发点，以职位对人员的实际要求为标准，选拔、录用各类人员。

5. 量才适用原则

量才适用是根据每个人的能力大小而安排合适的岗位。人员之间的差异是客观存在的，一个人只有处在最能发挥其才能的岗位上，才能干得最好。

6. 程序化和规范化原则

团队人员的选拔必须遵循一定的标准和程序。科学合理地确定团队人员的选拔标准和聘任程序，是团队能够聘任优秀成员的重要保证。只有严格按照规定的程序和标准办事，才能选聘出真正愿为团队的发展做出贡献的人才。

三、团队组建的过程

团队的组建包括以下四个阶段。

1. 准备工作

本阶段首要的任务是确定团队是否为完成任务所必需，这要看任务的性质。应当明白，有些任务由个体独自完成可能效率更高。此外，本阶段还要明确团队的目标与职权。

2. 创造条件

本阶段管理者应保证为团队提供完成任务所需要的各种资源，如物质资源、人力资源等。如果没有足够的相关资源，团队不可能成功。

3. 形成团队

本阶段的任务是让团队开始运作。此时，管理者须做三件事：确定谁是团队成员、谁不是团队成员；让成员接受团队的使命与目标；公开宣布团队的职责与权力。

4. 提供持续支持

团队开始运行后，尽管可以自我管理、自我指导，但也离不开上级领导者的大力支持。

四、团队凝聚力

团队凝聚力是团队对成员的吸引力、成员对团队的向心力，以及团队成员之间的相互吸引力。团队凝聚力不仅是维持团队存在的必要条件，而且对团队潜能的发挥有很重要的作用。一个团队如果失去了凝聚力，就不可能完成组织赋予的任务，本身也就失去了存在的意义。

美国社会心理学家L.费斯廷格认为凝聚力是使团体成员留在团体内的合力，也就是一种人际吸引力。这种吸引力与物理上的力学有一些相同之处，比如一个人在玩流星球时，流星球就围绕手这个中心转，不会丢失，手就是中心点。那么，凝聚力的中心点是什么？是团队对所有成员的吸引力。这主要表现在三个方面。

1. 团队本身对成员的吸引力

如果团队的目标方向、组织形态、行业精神、社会位置等适合成员，吸引力就大；反之吸引力就会降低，甚至成员会厌倦、反感，从而脱离团队。

2. 满足所有成员多种需要的吸引力

团队满足成员个人的各种物质和心理需要，是增强团体吸引力的重要条件。

3. 团队内部成员间的吸引力

如果团队成员利益一致，关系和谐，互相关心、爱护和帮助，团队吸引力就大；反之，吸引力就小，甚至成员间相互排斥。

团队基础

　　一家外企招聘职员，吸引了不少人前去应聘。应聘者中有本科生，也有研究生，他们头脑聪明、博学多才，是同龄人中的佼佼者。董事长知道，这些学生都有渊博的知识，书本上的知识是难不倒他们的。于是，公司人力资源部就策划了一个别开生面的招聘会。

　　招聘开始了，董事长让前6名应聘者一起进来，然后发了15元，让他们去街上餐厅吃饭。并且要求：必须保证每个人都吃到饭，不能有一个人挨饿。饭的价格不高，但是每份最低也得3元。应聘者一合计，按照这样的价格，6个人一共需要18元。可是现在手里只有15元，无法保证每人一份。于是，他们垂头丧气地走出了餐厅。回到公司，董事长问明情况后摇了摇头说："抱歉，你们虽然都很有学问，但是都不适合在我们公司工作。"

　　其中一人不服气地问道："15元怎么能保证6个人全都吃上饭呢？"

　　董事长笑了笑说："我已经去过那家餐厅了，如果5个或5个以上的人去吃饭，餐厅就会免费加送一份。而你们是6个人，如果一起去吃，可以得到一份免费的午餐。可是，你们每个人只想到自己，没有想到成为一个团队。这只能说明一个问题，你们都是以自我为中心、没有一点团队合作精神的人。而缺少团队凝聚力的公司，又有什么发展前途呢？"

　　听闻此话，6名应聘者顿时哑口无言。

　　分析：一个团队想要取得成功，必须具备强大的团队凝聚力，实现"1+1 > 2"的效果。没有凝聚力的团队是一盘散沙，最终只能是"1+1 < 2"。

小结与思考

　　本节讲述成功团队的特点、团队组建原则和团队凝聚力的形成。团队组建的过程中，如何接纳不同成员之间的差异？

第三节　团队角色认知

团队角色认知

　　角色不是一成不变的。当你所在团队的构成发生了变化，或团队的发展阶段变了，又或者团队气氛由合作型转为竞争型，抑或是当你离开某个团队进入另一个团队时，你都必须去适应系统里的这些变化。与之相应，你需要做出行为调整，或是你跟很多成员的角色都会发生变化。

　　加入一个工作团队中，首先要认识团队中的各个角色，掌握他们的特点，才能处理好自己与他们的工作关系，才能有效地开展工作。

一、团队角色类型

以下分别从角色描述、典型特征、作用几个方面分析团队的8种角色。

1. 实干者

角色描述：现实、传统甚至有点保守；计划性强，喜欢用系统的方法解决问题；有很强的自控力和纪律性，对团队忠诚度高，为团队整体利益着想而较少考虑个人利益。

典型特征：有责任感、效率高、守纪律，但比较保守。

作用：实干者可靠、效率高及处理具体工作的能力强，因此在团队中作用很大。

2. 协调者

角色描述：引导一群具有不同技能和个性的人向着共同的目标努力；成熟、自信和可靠，办事客观，不带个人偏见；除权威之外，更有一种个性的感召力。

典型特征：冷静、自信、有控制力。

作用：协调者擅长领导一个成员具有各种技能和个性特征的团队，善于协调各种错综复杂的关系，喜欢平心静气地解决问题。

3. 推进者

角色描述：说干就干，办事效率高，自发性强，目的明确，有高度的工作热情和成就感；遇到困难时，总能找到解决办法；大都性格外向且干劲十足，喜欢挑战别人，具有竞争意识。

典型特征：挑战性、好交际、富有激情。

作用：推进者是行动的发起者，敢于面对困难，并义无反顾地加速前进；敢于独自做决定而不介意别人的反对。

4. 创新者

角色描述：拥有高度的创造力，思路开阔，观念新，富有想象力；不受条条框框约束，不拘小节，难守规则。

典型特征：有创造力、个人主义、创造性强。

作用：创新者善于提出新想法，开拓新思路，通常在项目刚刚启动或陷入困境时，创新者非常重要。

5. 信息者

角色描述：经常表现出高度热情，反应敏捷、性格外向；强项是与人交往，并在交往的过程中获取信息；对外界环境十分敏感。

典型特征：外向、热情、好奇心强、善于交际。

作用：信息者有与人交往和发现新事物的能力，善于迎接挑战。

6. 监督者

角色描述：严肃、谨慎、理智，不会过分热情，也不易情绪化；有很强的批判能力，善于综合思考、谨慎决策。

典型特征：冷静、不易激动、谨慎、精确判断。

作用：监督者善于分析和评价，善于权衡利弊来选择方案。

7. 凝聚者

角色描述：是团队中最积极的成员，善于与人打交道，善解人意，关心他人，处事灵活，在团队中比较受欢迎。

典型特征：随和、乐观。

作用：凝聚者善于调和各种人际关系，有他们在的时候，人们能协作得更好，团队士气更高。

8. 完美主义者

角色描述：具有持之以恒的毅力，做事注重细节，力求完美；事必躬亲，不愿授权。

典型特征：埋头苦干、守秩序、尽职尽责。

团队基础

作用：对于那些重要且要求高度准确性的任务，完美主义者起着不可估量的作用。

二、团队角色认知概述

角色扮演是一个变化的、动态的过程。团队成员相互联系紧密，某个成员的行为会显著影响其他成员扮演的角色。例如，若团队成员就谁应该扮演某个具体的任务型角色产生了冲突，那个"输了"的成员就有可能变成干扰型的角色。

具备角色灵活度的成员是小型团队里最优秀的成员。角色灵活度即了解团队目前的需求并能根据当下环境调整自己的角色和行动的能力。例如，如果团队讨论陷入混乱，一个警醒的成员就会意识到这一点，主动扮演协调者的角色；如果讨论偏离主题，一个合格的成员就会意识到团队里需要一个监督者把讨论拉回正轨。因此每个角色的出现都有特定的时间和地点。

三、团队角色固化与形成

有时候，小型团队里的成员会失去角色灵活度，深深陷入某个角色里，这就是角色固化——无视情况需要，始终保持同一个角色。有效沟通要求沟通者有意愿、有能力去根据情况变化调整沟通行为。然而有些思维僵化的人总觉得自己必须扮演某个角色，别无选择。

角色固化可能会发生在一个人从某个团队进入另一个团队时，也可能发生在同一个团队内。如果你在上一个团队里是稽查员，你可能会在新团队里坚持扮演同样的角色，但新团队里可能有另一个人更擅长这个角色。如果你坚持要争取这个角色，而不是承担起其他功能来适应新团队，就有可能引发冲突和混乱。如果另一个成员的确比你更适合做稽查员，而你又坚持要扮演这个角色，那么团队里的资源就没法得到最大限度的利用。

集体性的角色固化会给团队带来弊端。往大了说，某些成员甚至都不愿意被固定在某个类别的角色上。那些陷入了维护型角色或任务型角色无法自拔的成员，都无法在生产力和凝聚力上达到平衡。

在大型团队和组织里，角色在大多数情况下是被正式结构决定的。但即使是在正式结构里，角色也可能会自发形成。功能性角色会在组织内部的小型团队会议或大型团队的分支结构里出现。

然而角色的自发形成，主要还是发生在那些小型、非正式、没有领袖、没有过去的团队里。这些团队可能是正式组织内部临时建立的项目小组（例如自我管理型工作团队）、为了完成某项课堂作业而建立的讨论小组、某个刑事审判的陪审团。这些团队中成员的角色都没有经过提前安排，而是随着社会交换过程自发形成的。

四、团队认可

个体会自告奋勇地担任某个角色，原因可能是他们有该角色需要的技能。但一个人在扮演某个特定角色之前必须先经过团队的认可。在竞争型文化里，大家通常认为社会地位较高的角色属于任务取向型的人，因为完成任务能够带来胜利、有形的成就和认可。

团队接纳是个试错的过程。例如，某个成员试着担任实干者角色。如果他的努力没有得到团队的重视（成员忽视他的付出），这个成员就可能转而担任其他角色以求得认可。若有人无视团队的反对坚持要扮演某个特定角色，可能会被大家归类为不灵活和不合作的人。

一旦成员的角色被团队接纳，角色专业化——某成员融入了团队，他的主要角色就会随之产生。如果团队希望你成为一个信息者，那么这就是你的主要功能。但这种专业化并不妨碍你扮演其他角色。角色专业化并不意味着该角色被某个成员垄断。团队里可能有不止一个协调者，但其中会有一个成员主要担任这个角色。在公认的另一个成员的主要角色范畴里操作过多，会招致团队的负面评价。

| 小结与思考 |

本节介绍了团队角色类型、团队角色认知概述、团队角色固化与形成和团队认可。请思考，如果你组建一个物流竞赛团队，你会如何选择成员。

实操训练

任务一：团队认同

实训活动：荒岛逃生。

实训目的：在团队中得到认同。

实训道具：号码牌。

实训过程：

1. 实训背景：一架客机不幸失事坠落在荒岛上，飞机上只有6个人幸存，他们面临着生死的考验；岛上没有水和食物，只有一个橡皮气球吊篮可以作为出去求救的逃生工具，但遗憾的是，这个吊篮只能容纳一个人乘坐。

2. 由6名学生分别扮演以下几种角色：身怀六甲的妇人、居无定所的流浪汉、在艾滋病治疗方面颇有建树的医学家、热带雨林的挽救者——生态学家、即将远征太空并为人类寻找新家园的宇航员、研究新能源汽车的发明家。教师让另外一个学生担任主持人。主持人给每个人发号码牌。

3. 每个人都想自己坐上吊篮离开荒岛去求救，主持人可以召集这6个人坐在一起，让他们各自说出自己需要先行离开的理由，并在陈述自己的理由之前先复述前一个人的理由。

4. 最后的胜利者必须是复述别人理由最完整且自己离开的理由最充分的人。

实训反思：

1. 你是怎样陈述自己先行离开的理由的？在陈述中遇到了什么困难，是怎样解决的？

2. 你用什么方法得到别人的认同？

3. 通过完成实训任务，你对倾听和表达的能力有什么感悟吗？

任务二：角色定位

实训活动：穿越峡谷。

实训目的：角色配合。

实训道具：木板、砖、绳子。

实训过程：

1. 教师将学生划分成若干个由6～8人组成的小组。

2. 把他们带到场地起点，简要介绍游戏情况。

3. 找到砖、3块木板和一根长绳子。

4. 木板和绳子不能着地，把木板搭在砖上面。

5. 团队中具有领导才能的人指挥大家行动，边搭木板边"穿越峡谷"。如果木板搭错了，大家就要退回来，直到木板搭好，顺利通过"峡谷"。

6. "穿越峡谷"时，一起往前走，前进或后退要协调好。

7. 游戏过程中，任何人的身体、木板或绳子接触到地面，组内所有成员都要重来。

实训反思：

1. 小组成员是如何分工的？

2. 在游戏过程中遇到了什么问题？是如何解决的？

3. 通过完成实训任务，你对团队配合有什么感悟吗？

任务三：融入团队

实训活动： 把面具画出来。

实训目的： 熟悉团队成员。

实训道具： 空白纸面具(由一张适当大小的干净白纸和一根橡皮筋组成)数个、记号笔数支、蒙眼黑布一条。

实训过程：

1. 学生分成若干组，每组5人左右，排成一行。

2. 其中1人戴上面具，另有1人要负责做描述者。

3. 由主持人发出，如"在面具上画上左眼"，那么每组的第一个人便要蒙上眼，由描述者指示其在面具上画上左眼。

4. 待大家都完成后再由主持人发出下一个指示(如画上右眼)，以此类推。

5. 待一副副面具都画好后，最漂亮的面具的绘制者胜出。

实训反思：

1. 假如你是戴面具的人，你该怎样配合绘制者在你"脸"上绘制图形呢？

2. 如果你是绘制者，那你该用怎样的心态在队友的提示下顺利完成任务？

任务四：团队合作

实训活动： 新型时装秀。

实训目的： 团队配合。

实训道具： 报纸（大量）、剪刀（每队一把）、透明胶带（每队一卷）。

实训过程：

1. 教师对学生进行分组，每组5人，并进行分工，这5人分别是3名设计师、1名模特、1名裁判。

2. "设计师们"在规定的时间内，用报纸当作布料，为"模特"设计并制作全套的服装。

3. "裁判"对每个小组的完成情况打分。

4. 小组的设计完成后，由"模特"穿着刚刚完成的"衣服"在台上表演，最后以裁判评分的高低和观众掌声的热烈程度作为决定胜负的依据。

5. 获胜方获得一定的奖励，当然"衣服"可酌情让参赛"模特"保存。

实训反思：

1. 比赛时，怎么才能充分放松自我呢？

2. 在娱乐中体会团队带给自己的快乐，做到这一点需要怎样的心态呢？

3. 通过完成实训任务，你对创造良好的团队氛围有什么新的体会？

学习检测

一、单选题

1. 以下哪个不是一个优秀团队应该具备的？（　　）

　　A. 优秀的领导者　　　B. 共同的目标　　　　C. 相互猜疑　　　　D. 明确的分工

2. "没有完美的个人，只有完美的团队"，是说成熟团队追求的是（　　）。

　　A. 个人角色突出　　B. 独树一帜　　　　　C. 目标一致　　　　D. 完美领导

3. （　　）是指一种由两个以上成员组成的目标或任务共同体。

　　A. 组织　　　　　　B. 团体　　　　　　　C. 团队　　　　　　D. 群体

4. （　　）是指为了实现某个特定的目标，两个或两个以上相互作用、相互依赖的个体的组合。

　　A. 工作任务　　　　B. 管理机制　　　　　C. 成员　　　　　　D. 群体

5. （　　）是解决团队冲突的良好途径。

　　A. 沟通　　　　　　B. 倾听　　　　　　　C. 决策　　　　　　D. 诚信

二、判断题

1. 团队角色分类中，有一类人被称作协调者。协调者在非权力性的影响力方面表现非常突出。（　　）

2. 在工作中，应该在自己的工作时间按照自己的方式做事。（　　）

3. 完美主义者是企业团队中不可缺少的角色，没有完美主义者，团队的管理会显得比较粗放，因为完美者更注重的是品质、标准。（　　）

4. 团队为了提高成员的能力水平，经常通过培训的方式来改变成员的行为、习惯、技能、态度。（　　）

三、简答题

1. 简述团队组建原则。

2. 简述团队凝聚力。

3. 简述团队角色类型。

四、思考题

长久得不到升职的困惑

韩刚很幸运，大学一毕业就被分配到一家报社工作。他积极学习，工作踏实，取得了非常好的工作业绩。可是在工作8年后，韩刚仍然是名普通的员工，而跟他一起入职的同事，有的已担任了主编或副主编之职，再看看已经30多岁的自己，韩刚真是越想越郁闷。

原来，韩刚是一个性格倔强的人，认为只要努力工作就一定会得到应有的回报，可是在一个关系紧密的单位，单枪匹马的韩刚总是被遗忘。韩刚找朋友刘鑫倾诉遇到的问题。刘鑫帮他找出了两个不足之处。第一，只工作不合作。韩刚有一定的能力，又肯埋头苦干，工作的质量和效率都很突出，但是不愿与同事交流，只顾着干活，经常以工作太多为理由推掉很多团体活动。第二，过分强调自己的重要性。韩刚在业务上投入了大量精力和时间，所以在业务上取得了非常好的成绩，但很喜欢在别人面前指手画脚，自吹自擂。这使其很难获得好口碑。在做群众调查时，大家多半会对他的能力打个对折。而且，在任何场合都过分突出自己的人，必然会忽略他人的感受，往往给人留下不懂得尊重他人的坏印象。

仔细听完刘鑫的分析，韩刚认真反思了自己平时的工作状态，决定要按刘鑫给出的建议进行调整。一年后，韩刚顺利地晋升为副主编。

1. 韩刚原来的工作作风存在什么问题？
2. 韩刚晋升的原因是什么？

第六章
团队建设

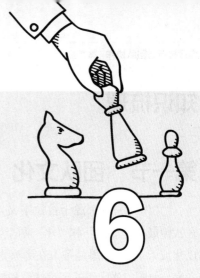

学习目标

【知识目标】

- 了解团队文化的内涵、特征及功能，熟悉团队文化的构成，掌握团队文化的建设措施。
- 了解团队精神的内涵、功能及表现形式，熟悉团队精神的影响因素，掌握提高团队精神的方法。
- 熟悉团队信任的构成要素，掌握培养团队信任的方法。
- 了解团队合作的重要性，掌握加强团队合作的方法。
- 了解团队士气的定义、表现，熟悉团队士气的影响因素，掌握提升团队士气的方法。
- 了解团队激励的概念、原则，熟悉团队激励的过程，掌握团队激励的方法。

【能力目标】

- 能够根据实际情况，进行团队文化建设，提高团队精神，建立团队信任、促成团队合作，提升团队士气，进行团队激励。

【素养目标】

- 通过学习团队建设，可以促进团队成员间的相互理解和相互信任，构建高效、和谐的团队。
- 理解团体成员间的信任关系，在信任中提升团队凝聚力。
- 正确认识优秀团队文化所蕴含的民族精神，提升对中华民族的热爱和对民族精神的认同。

知识梳理

第一节　团队文化

　　"文化"一词来源于古拉丁文"cultura"，本意是"耕作""培养""教习""开化"的意思。在我国最早把"文"和"化"两个字联系起来的是《易经》，"观乎天文，以察时变；观乎人文，以化成天下"。意思是圣人在考察人类社会的文明时，用诗书礼乐来教化天下，通过构造修身、齐家、治国、平天下的理论体系和制度，使社会变得文明而有秩序。

　　一般而言，文化有广义和狭义两种理解。广义的文化是指人类在社会历史实践过程中所创造的物质财富和精神财富的总和。狭义的文化是指社会的意识形态，以及与之相适应的礼仪制度、团队机构、行为方式等物化的精神。

 初心不忘

华为的"狼性文化"

　　华为技术有限公司（以下简称"华为"）每年都要招聘大量的大学毕业生，他们入职华为后要过的第一关就是学习华为的企业文化。

　　在艰难的发展历程中，华为对危机特别警觉，这是一种居安思危的忧患意识。在激烈的行业竞争中，如何通过不断创新使企业发展壮大，从而不被淘汰？华为认为最重要的是培养一批"狼"，因为狼有让自己活下去的三大特性：一是敏锐的嗅觉，二是不屈不挠、奋不顾身的进攻精神，三是群体奋斗。这就是华为企业文化中著名的"狼性文化"。正是这种强悍的企业文化，使华为逐步发展成为全球领先的信息与通信基础设施和智能终端提供商之一，服务全球30多亿人口。华为也正是依靠这样的精神和文化力量创造了中国企业的发展奇迹。

　　分析：资源是会枯竭的，唯有文化才能生生不息。企业不景气，问题不仅仅在于管理机制，关键在于企业文化。管理者依据自己的追求和价值准则建立公正的价值体系和价值分配制度，吸引和积聚优秀人才，形成有高度凝聚力和高度文明的企业文化。

一、团队文化的内涵

　　团队文化是团队所有成员在相互合作、共同完成工作的过程中形成的统一认识和统一行为，包括共同的价值观、管理制度、工作方式、行为准则等。讲通俗点，就是每一位成员都明白怎样做是对团队有利的，而且都自觉自愿地这样做，久而久之便形成了一种习惯；再经过一定时间的积淀，习惯成了自然，成了人们头脑里一种牢固的观念，而这种观念一旦形成，又会反作用于（约束）大家的行为，逐渐以规章制度、道德公允的形式成为众人的行为规范。优秀的团队文化会发挥指导作用，将不同个性、不同背景的成员统一起来，为了团队的最高目标共同努力。

二、团队文化的特征

1. 独特性

团队文化具有鲜明的个性和特色，具有相对独立性，每个团队都有其独特的文化积淀，这是由其自身的特色、传统、目标、成员素质以及内外环境不同所决定的。

2. 继承性

每个团队都需要注意自身优良文化的积累，通过文化的继承性，把自己的过去、现在和将来联结起来，把团队精神灌输给一代又一代，并且在继承过程中加以选择。

3. 可塑性

团队文化并不是与生俱来的，而是在其生存和发展过程中逐渐总结、培育和积累而形成的。团队文化可以通过人为的后天努力加以培育和塑造，已形成的团队文化也并非一成不变，可以随内外环境的变化而加以调整。

4. 创新性

随着科学技术的发展，团队会产生追求更高的、更好的物质文化和精神文化的冲动，这就需要创新。

5. 融合性

每一个团队都是在特定的文化背景之下形成的，必然会接受和继承这个国家和民族的文化传统和价值体系。团队文化的融合性除了表现为每个团队过去优良文化与现代新文化的融合，还表现为本国与外国新文化的发展融合。

6. 长期性

长期性指团队文化的塑造和重塑的过程需要相当长的时间，而且是一个极其复杂的过程，团队的共享价值观、共同精神取向和群体意识不可能在短期内形成。这一过程涉及团队与外界环境相适应的问题，同时也需要团队内部成员之间达成共识。

三、团队文化的构成

团队文化主要由物质文化、制度文化和精神文化构成。

1. 物质文化

物质文化是构建制度文化与精神文化的基础，它在团队建立之初就已制定，在团队发展的过程中以物质形态表现团队文化的精神内涵。物质文化并非一成不变，随着团队发展到更高阶段，原有的物质文化与发展现状和未来规划不再相符时，团队需向着更高标准重新塑造物质文化。物质文化的表现形式有以下几方面。

（1）外部环境

例如，办公环境设计、景观设置、道路命名等融入团队理念，办公室的文化墙突出团队精神、发展规划等。

（2）文字、符号

例如，团队名称、口号、Logo 设计等文字和符号，直接展现团队文化。

（3）产品、服务

例如，团队应当利用产品包装特点、产品的主要功能、售前与售后服务等多种途径对外展示团队文化。

（4）对外宣传

例如，团队通过印制手册、建立官方网站、打广告、举办团队活动等，对团队成员及外界进行团队文化的植入和宣传。

知行合一

"双星猫"

双星集团有限责任公司（以下简称"双星集团"）始建于1921年，总部位于青岛市西海岸新区。2008年以前，双星集团的主业是鞋和服装。2008年鞋服产业全面改制后从集团分离，双星集团全面转行到轮胎产业。2014年，通过智慧转型，双星集团率先建立了全球轮胎行业第一个全流程"工业4.0"智能化工厂。2020年，双星集团开启了"三次创业"新征程，围绕橡胶轮胎、人工智能及高端装备、循环利用及新材料三大产业，实施智慧生态、智慧轮胎、智能装备、环保新材料的"三智一新"战略，目的是尽快把双星集团打造成为科技、时代、智慧型的世界一流企业。

在双星集团总部，你会看到两座雕塑。这两座雕塑是两尊大猫，一尊是正在抓老鼠的黑猫，一尊是特别漂亮但却不抓老鼠的白猫，人们把这两只猫叫作"双星猫"。在两尊雕塑的底座上面，镌刻着这样一副对联，上联是"不管黑猫白猫，抓住老鼠就是好猫"，下联是"不管说三道四，双星发展是硬道理"。

分析：双星集团注重打造企业文化，对双星集团来说，"双星猫"雕塑代表了他们的经营理念，它表明的内涵是将市场作为检验一切工作的标准，企业生产经营由市场决定。

---

2. 制度文化

制度文化是团队文化的中间层次，它把团队的物质文化和精神文化有机地结合成一个整体，主要是指对团队和其成员的行为产生规范性、约束性影响的部分，是具有团队特色的各种规章制度、道德规范和行为准则的总和。制度文化集中体现了物质文化和精神文化对团队成员和团队行为的要求，规定了团队成员在共同的活动中应当遵守的行为准则。

（1）制度的作用

制度是文化的重要组成部分。制度文化运用制度的规范和约束作用统一团队成员的思想和行为。若制度科学，执行到位，则会增强团队凝聚力；若制度不科学，执行不到位，则会削弱制度的效力，导致人心涣散。因此，团队要建立成员共同认可的制度体系，以制度和文化凝聚人心。

（2）制度的类型

团队制度包括规定、规程、方法和标准等。根据制度的功能范畴，团队应当制定出基本制度、管理制度、业务规范和行为规范等四类制度。基本制度包括团队形式、团队章程等，管理制度包括管理程序、岗位职责等，业务规范包括技术规程、业务流程、技术标准等，行为规范包括职业道德规范、成员行为守则等。

（3）制度的制定流程

团队制度并非领导说了算，每位成员都希望团队赋予个人应有的权限。在制定规范的过程中，每名成员都应发表建设性意见，积极参与讨论、修改。一般按照"调研—制定草案—讨论—修改—审定—试行—正式执行"的流程，形成最终可执行的团队制度。

知行合一

100元的处罚

谈到珠海格力电器股份有限公司（以下简称"格力"），人们都会联想到格力董事长董明珠女士。格力能有今天的成就，董明珠的贡献与带领功不可没。格力作为空调领域的佼佼者，除了拥有先进的技术和高品质的产品之外，还有一套严格的企业管理制度。董明珠要求员工必须按照制度工作，员工必须服从管理。在一次演讲中，她提起了关于员工违反规定而受到处罚的故事。

董明珠担任总经理后，发现员工管理存在很多问题。当时的员工队伍如同一盘散沙，行为散漫，工作懈怠。为了让员工具有集体观念，董明珠首先想到从行为上约束他们。她当时制定了一条规定，上班统一着工装，并且工作时间内不准吃东西，不准窃窃私语，违反者按照规定进行处罚。

当时企业的内勤人员觉得她只是说说而已。有一天，她从别的办公室走到内勤办公室，大概还有五秒的时间，下班铃声就响了。但是在铃响之前，她看到几位员工在吃东西。当时董明珠就对员工进行了罚款处理，员工们不想被罚款，于是找理由说："我们也没有办法，是××带来给我们吃的，你要罚不能罚我们。"董明珠听后说："那你们就罚五十元，他罚一百元。"那位被罚一百元的员工，家庭条件是非常困难的。当时员工的工资才八百元一个月，一百元对他来说是很大的一笔钱。

下班以后，董明珠从自己的包里拿出一百元给他，并告诉他说："罚款跟这一百块钱不是一回事。罚款已经上交了，这是我给你的一百块钱，是因为你家庭困难，我给了你这一百块钱，但不等于把一百块钱的罚款还给你。"通过这样的处罚，董明珠让公司员工意识到应该遵守制度。

分析：没有规矩，不成方圆。企业的制度文化强调奖罚分明，执行到位。董明珠的做法，一是警示所有员工，规章制度不是摆样子，需要每个人身体力行地去实践；二是表明奖惩是公正公平的，无论是谁，做得好的应该得到奖励，做错事也必须受到惩罚。

---

3. 精神文化

精神文化是团队在长期实践中所形成的成员群体心理定式和价值取向，是团队的道德观、价值观，即团队哲学的高度概括，反映全体成员的共同追求和共同认识。精神文化是团队文化的核心和灵魂，是团队优良传统的结晶，是维系团队生存发展的精神支柱，没有团队精神，团队文化就是空谈。精神文化主要包括以下几方面内容。

（1）崇高的团队理想

树立崇高的团队理想，就是要确立团队的使命，明确团队的终极目标和共同追求，这样团队成员才会明晰要做什么、往哪个方向努力。

（2）团队的价值观

统一的价值观是团队全体成员所共同信奉的价值标准，是促进成员团结协作、形成凝聚力的基础，统一的价值观应当长期贯彻和坚持。

（3）团队的道德准则

道德约束是一种软约束，可以通过对良好道德行为的表扬在团队中树立正确的道德观，树立道德典范，起到模范作用。道德准则可促进团队成员素质的提升，对团队的稳定发展起到保障作用。

（4）创新创业精神

团队在激烈的竞争环境中要不断开拓进取、探索创新，唯有大力弘扬创新创业的精神，才能使团队不断发展壮大，在越来越激烈的竞争中立于不败之地。

团队文化的三个层面是紧密联系的。物质文化是制度文化和精神文化的基础，是团队文化的外显；制度文化是物质文化和精神文化的要求，起到保障的作用；精神文化是物质文化和制度文化的反映，为物质文化和制度文化的创立提供支持。

 初心不忘

石山变成"绿海"

2015年秋，塞罕坝机械林场决定在后砬子沟实施攻坚造林，因为坡度大，机械上不来，只能靠人工刨树坑。于是白水营林区主任谢民带领60多名工人一起，挥起尖镐，甩开膀子，挥汗如雨刨树坑。因为地质太硬，即使戴着厚手套，每镐下去，虎口仍被震得生疼。苦干了20多天，大家的手掌起了泡又磨成茧，刨出近9万个树坑。

整地难，种树更难。2016年5月初，后砬子沟攻坚造林春季植树正式开始。由于坡陡地滑，机械无法作业，运送树苗只能靠骡子驮，骡子上不去的地方，就只能靠人背。没过几天，工人的后背上都留下了深深的疤痕。为了减少负重，工人们带的午饭多是馒头、榨菜，热水也不敢多背，干活出汗多，一天下来，嘴唇就裂口子了。每当这时，谢民总会想起父辈们啃窝头、喝雪水、住窝棚艰苦创业的经历，他也经常用这些来激励年轻的工人们。就这样，60多人又大干了18天，绿色一点点蔓延到了山顶。

在塞罕坝机械林场，像后砬子沟这样的石质山阳坡大大小小共有近千块。每一块林地都是塞罕坝人这样种出来的。他们手上有茧、脚上有泡、身上有汗，但心中有信仰，对绿色的执着追求使他们能啃硬骨头，完成攻坚造林10.1万亩（1亩约为666.7平方米），让塞罕坝森林覆盖率提高到82%。

分析："一定要让荒山变青山"的信仰是塞罕坝人特有的文化基因，代代塞罕坝人传承着艰苦奋斗的创业精神，这帮助他们战胜了重重困难，成功营造了百万亩人工林海，创造了世界生态文明建设史上的典型。

四、团队文化的功能

团队文化的功能具有双重性，可以分为正功能和负功能。团队文化的正功能能够增强团队成员行为的一致性，引导团队的成长、进步，进而提升团队的效能。但同时也需注意，在特定背景下，团队文化会束缚和限制团队发展。

1. 导向功能

团队文化的导向功能是指团队文化对团队整体及团队成员个人价值取向、行为取向起引导作用、使之符合团队所确定的目标的功能作用。团队文化作为成员的共同价值观念，一旦形成，就会产生一种思维定式，必然对成员具有强烈的感召力，这种感召力会将成员逐步引导到团队的目标上来。企业提倡什么、抵制什么，成员的注意力也就转向什么。这种功能往往在团队文化形成的初期就已经存在，并将长期引导成员始终不渝地为实现团队的目标而努力。

2. 约束功能

团队文化用一种无形的思想上的约束力量对每个团队成员的思想、心理和行为进行约束和规范，形成一种软约束，以此来弥补硬性措施的不足。团队文化的约束功能是通过成员自身感受而产生认同心理的过程来实现的，它不同于外部的强制机制，团队文化通过成员的内省，使成员产生一种自律意识，从而自我遵守团队管理的各种规定，如厂规、厂纪等。团队文化能从根本上改变成员旧的价值观念，建立起新的价值观念体系，使之适应团队正常活动的需要。成员心甘情愿地接受无形的、非正式的和不成文的行为准则，自觉地接受团队文化的规范和约束，并按照价值观念的指导进行自我管理和控制。

3. 凝聚功能

团队文化是一种"软性"的协调力和"黏合剂"，有巨大的向心力和凝聚力。团队文化以微妙的方式来沟通团队成员的思想，使团队成员在统一的思想和价值观指导下，产生作为团队成员的身份感和使命感，产生对团队目标、道德规范、行为准则等的认同感。同时，团队文化在团队氛围的作用下，使团队成员通过自身的感受，产生对本职工作的自豪感和对团队的归属感，使团队成员乐于参与团队的事务，发挥各自的潜能，为实现团队目标做出贡献。因此，出色的团队文化所营造的人文环境对成员的吸引力是其他事物无法比拟的，它打动的是成员的心。正所谓"留人先留心"，建立一支长期稳定的，有战斗力、凝聚力的团队，必须依靠团队文化。

4. 激励功能

团队文化的激励功能是指团队文化本身所具有的通过各组成要素来激发成员动机与潜力的作用。健康向上的团队文化能够满足成员的精神需要，使每个成员都受到尊重，调动成员的精神力量，使他们产生归属感、自尊感和成就感，从而充分挖掘他们的巨大潜力。团队文化能够对成员产生激励作用，其原因主要有两点。首先，优良的团队文化能够为成员提供一个好的团队环境。如果一个团队拥有良好的团队文化，那么它的内部人际环境就比较和谐，成员就能够以良好的心态进行工作，各种纠纷比较少，工作绩效自然会提高。其次，优良的团队文化能够满足成员的精神需求，能起到精神激励的作用。如果一个团队拥有良好的团队文化，那么每个人的贡献都能得到及时的肯定、赞赏和褒奖，个人价值充分实现，在工作中受到极大激励，从而提高全体成员的积极性。

5. 持续稳定功能

团队文化的形成是一个复杂、长期的过程，会受到宏观政治、经济、社会等诸多因素的影响。团队文化一旦形成，便具有持续性，不会因为团队战略或领导层的变动而立即消失。长期形成的、渗透到团队各个领域的文化，可以成为深层心理结构中的基本部分，在较长时间内对成员的思想情感和行为发生作用。

6. 辐射功能

团队文化的辐射功能包括两个方面的影响：一是内部影响，它可以激发团队成员对团队的自豪感、责任感；二是外部影响，它能够深刻地反映出该团队的特点。团队文化的建立及模式的确立，除会对本团队产生很大影响外，还会对社会公众、对本地区乃至国内外产生一定的影响，在提高团队知名度的同时，构成社会文化的一部分。

五、团队文化的障碍

尽管团队文化存在上述正功能，但是我们也应该注意到，团队文化同时还可能成为团队变革和发展的潜在障碍。

1. 变革创新的障碍

团队文化往往需要经过多年的建设和沉淀才能形成，一旦形成，便具有长期的稳定性。当团队面对的环境比较稳定时，团队文化便会成为一种资本；而当团队面对动态的环境时，团队共享的价值观就可能会与进一步提高团队效率的要求发生冲突，从而成为团队发展的障碍。当今社会已经进入了一个飞速发展的阶段，新技术和新思想使团队面临的环境更加动荡不安，现代团队需要不断对自身的结构和战略进行调整与变革，从而对环境的变迁做出快速的反应，以便在竞争中保持优势。而面对变革和调整时，团队内部根深蒂固的文化就可能变成一种可怕的惯性，束缚团队成员的思想，使其不敢、不愿创新或对团队进行变革，使团队难以适应变幻莫测的环境。

2. 多样化的障碍

团队在聘用新成员时会面临两难境地：一方面，管理层要求这些新成员能够与团队文化相匹配，希望他们接受团队的核心价值观，与团队其他成员的行为和团队的形象保持一致，否则这些新成员就难以融入团队或不被团队所接受；另一方面，在面对变化的环境时，管理层也希望通过新成员所带来的差异来激活整个团队，给团队注入新鲜血液，促进团队的创新和发展，因此管理层又会公开认可和支持这些差异与变化。团队希望通过聘用各具特色、存在差异的不同成员来获得多元化优势。但团队的强文化对成员有着明显的遵从压力，它们限定了团队可以接受的价值观和行为准则。一旦新成员试图融入强文化之中，这些多元化的行为和优势就可能丧失。因此当团队文化——特别是强文化——大大削弱了来自不同背景的人带给团队的独特优势时，它就成了团队发展的障碍。

六、团队文化的建设措施

1. 设定团队愿景

团队愿景是成员对团队目标及团队定位的整体认同。团队设定一个好的愿景可以让成员感受到强烈的精神激励，自愿投入与贡献，产生的力量将会是可持续的和最大化的。当成员并不认同团队的目标时，就会缺乏参与感和归属感，感受不到自我激励，也缺乏为目标共同努力的动力，阻碍团队的发展。

2. 推选优秀的领导者

"火车跑得快，全靠车头带"，团队领导者是导向，是团队的主心骨。团队的领导者要具备管理能力、大局思维、协调能力以及专业能力，领导者的领导力和决策力对团队起到了至关重要的作用。

3. 制定管理制度

没有规矩，不成方圆，一个团队如果要形成战斗力，就必须建立健全相关管理制度，如岗位的职责、权限的界定、团队成员沟通方式的确立等。任何一个团队都需要制度的约束和激励，尤其对于新组建的团队来说，制定严格的管理制度，规范成员的行为，给予公正的奖惩激励，才能使团队步入正轨，快速形成合力。

4. 提升成员素质

成员加入团队后，首先应对成员进行培训，使成员了解并认同团队的目标、价值观和管理制度，通过培训提升成员的素质。团队成功的秘诀不是个人英雄主义，而是充分发挥整体优势，实现整体大于局部之和。

5. 学会包容

包容是团队成员必备的品质。在团队内部，团队成员的性格特征、成长环境、生活经历不尽相同，思想观念、考虑问题的方式也会不同，难免会产生摩擦，但成员应当懂得相互包容，以团队目标和团队精神来要求自己。这样的出发点可以使成员之间减少矛盾，增进感情，进而营造和谐的团队氛围。

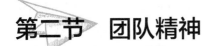

小结与思考

对于现代企业，团队文化的作用已是不言自明。综观市场上成功的企业，无论是国内企业还是国外企业，都有其独特的企业文化。不夸张地说，正是其所拥有的企业文化促成了它们在各自行业内的成功。那么，你了解哪些成功企业的企业文化呢？

第二节 团队精神

一、团队精神的内涵

团队精神是团队成员将个人利益和团队利益统一起来，为了共同的目标协同合作的意愿和作风，它是大局意识、协作精神和服务精神的集中体现。团队精神不是要求团队成员在团队利益面前一定要牺牲个体利益，而是实现个体与团队的有效整合。团队精神是团队文化的核心。在一个有着明确边界的组织框架中，团队精神能够最大限度地发挥团队成员个体工作的积极性，整合团队绩效，进而提高整个组织的工作绩效。可以说，没有团队精神，组织就难以高效运转。

 初心不忘

《士兵突击》中的团队精神

"一声霹雳一把剑，一群猛虎钢七连；钢铁意志钢铁汉，铁血为国保家园。杀声吓破敌人胆，百战百胜美名传。攻必克，守必坚，踏敌尸骨唱凯旋。"当全体钢七连的战士们站在一起，用心颂出这首没有曲子的连歌时，我们的内心感受到的，不仅仅是对这正气吼声的震撼，也不仅仅是对有着辉煌历史的钢七连的赞叹，更多的是被那种让人激荡的极强的团队精神所触动。

团
队
建
设

《士兵突击》中，最为"抢眼"的团队，当属钢七连。这个有着辉煌历史，却在现代军事变革中遭到整编的团队，是中国传统军队的代表符号。这个团队的核心文化是"不抛弃，不放弃"。这正是钢七连的坚定信念。班长史今，用他自身的行动演绎着这六个字；看似根本不可能成为士兵的许三多，他坚守自己曾经的诺言，不抛弃，不放弃。最让人难忘的，就是用锤子砸伤了班长的手而丧失信心的许三多，面对史班长再次握住铁钎逼迫他抢锤时，终于战胜了自己，最终从一个曾经的"孬兵"成为一个出色的"兵王"。试想：如果没有史今，许三多会怎样？他可能会在自己出生的那个山沟里被父亲责打，成为第二个许一乐。试想：如果没有钢七连的这种"不抛弃，不放弃"的团队精神，许三多又会怎样？他可能只是一个浑浑噩噩的"呆兵"，永远缩在自我的小世界里，迷茫而胆怯地看向这个让他无比陌生的世界。

分析：团队中的个体，无论他多么强大，如果不把自己融入整个团队中，他的强大终究会受到限制；个体组成的团队，如果不具备那种能将个体牢牢抓住的凝聚力，那么个体仍然无法强大，团队也无法强大。个体与团队之间，是相辅相成的，个体对自己不放弃，才能得到团队的不抛弃；而团队的不抛弃，也会提供给个体不放弃的动因。这就是"不抛弃，不放弃"的力量，这就是团队精神的力量。

二、团队精神的表现形式

1. 责任意识

责任意识体现在主动工作、主动承担，团队成员能够自觉、努力地做好自己的工作。具有责任意识的人，往往具有极强的进取心，努力争取完成一件件有意义的事，从而感受到自我实现的成就感、幸福感。同时，强烈的责任意识可强化执行力，是及时、准确地完成任务，实现目标的保障。

2. 进取意识

进取意识就是不满足现状，不断地向新的目标进发。人没有进取意识就会停滞不前，碌碌无为。团队成员拥有进取心，就会不断努力、不断突破，从而带动团队不断创新、不断提升。

3. 全局意识

全局意识是指团队成员能客观考虑局部与整体、长期利益与短期利益的关系，以大局为重，围绕团队目标进行决策，从团队发展的角度做长远规划，保证团队健康发展。

4. 奉献精神

奉献精神是全身心付出的一种高尚的精神品质。奉献是一种态度、一种行动，更是一种力量。它不仅能够促进团队的发展，帮助团队达成目标，更可以帮助个体提升自我价值、实现自我价值。具有奉献精神的人总是不计个人得失，努力做好每一件事。奉献源于感恩，懂得感恩的人会主动地回报同伴、回报团队，进而回报社会和国家。

5. 协作精神

协作精神是指每个成员愿意和其他成员建立良好的人际关系，成员之间相互配合、相互尊重、相互信任，共同努力实现团队目标，从而实现个人利益和团队利益的有机统一。

知行合一

蚂蚁精神

英国科学家把一盘点燃的蚊香放进一个蚁巢。开始，巢中的蚂蚁惊恐万状，约20秒后，许多蚂蚁迎难而上，纷纷向火冲去，并喷射出蚁酸。可一只蚂蚁喷射的蚁酸量毕竟有限。因此，许多只蚂蚁共同飞向点燃的蚊香，葬身火海。不到一分钟，火被扑灭。存活的蚂蚁将牺牲的蚂蚁的尸体运送到附近的一块草地，盖上一层薄土。

在洪水肆虐的时候，聚在堤坝上的人们凝望着汹涌的波涛。突然有人惊呼："看，那是什么？"一个好像人头的黑点顺着波浪漂过来，大家正准备等黑点再靠近些时营救。"那是蚁球。"一位老者说，"蚂蚁这东西，很有灵性。有年发大水，我也见过一个蚁球，有篮球那么大，洪水到来时，蚂蚁迅速抱成团，随波漂流。蚁球外层的蚂蚁，有些会被波浪打入水中。但只要蚁球能上岸，或能碰到一个大的漂流物，蚂蚁就得救了。"不长时间，蚁球靠岸了，蚁球一层一层地打开，蚂蚁迅速而井然地排列着登上堤岸。

分析：一只蚂蚁是多么微弱渺小，但蚂蚁团队的力量却是无比强大的，势不可当，坚不可摧。蚂蚁的奉献精神和协作精神值得我们学习。

6. 互助精神

每个人的成长路上，不可或缺的是他人的帮助。当我们加入了团队，有了志同道合的伙伴，彼此之间更应该互帮互助。在需要帮助的时候愿意接受帮助，在能够给予帮助的时候愿意伸出援手。懂得给予、愿意接受，可以使团队氛围融洽，团队成员亲如一家。

知行合一

最美味的汤

有一个陌生人来到一个村庄，他向迎面而来的村民们说："我有一颗汤石，如果将它放入烧开的水中，会立刻变出美味的汤来，我现在就给大家喝。"这时，有人找来一口大锅，有人提来了一桶水，架上炉子和木材，就在广场上煮了起来。这个陌生人很小心地把汤石放入滚烫的锅中，然后用汤匙尝了一口，很兴奋地说："太美味了，如果再加入一点洋葱就更好了。"立刻有人冲回家拿来一堆洋葱。陌生人又尝了一口："太棒了，如果再放些肉片就更香了。"又有一个妇人快速回家端来一盘肉来。"再有一些蔬菜就完美无缺了。"陌生人又建议道。在陌生人的指挥下，有人拿了盐，有人拿了酱油，有人捧来了其他作料，当大家享用煮出来的汤时，他们发现这真是天底下最美味的汤。

分析：那颗汤石只不过是一块普通的石头，之所以能煮出美味的汤，并不是汤石起的作用，而是因为每个人都能够为煮出一锅美味的汤贡献出自己的一份力量。众志成城，团结协作，汤石就在我们心中。

三、团队精神的功能

1. 目标导向功能

团队精神能够使团队成员齐心协力，拧成一股绳，朝着同一个目标努力。团队精神能够使成员认识到，团队要达到的目标即自己必须努力的方向，从而使团队的整体目标分解成各个小目标，并在每个成员身上得到落实。

2. 团结凝聚功能

任何组织都需要一种凝聚力，传统的管理方法主要是依靠组织自上而下的行政指令，淡化了个人感情和社会心理等方面的需求。团队精神则通过对群体意识的培养，通过成员在长期实践中形成的习惯、信仰、动机、兴趣等，来沟通成员的思想，引导成员产生共同的使命感、归属感和认同感，从而产生一种强大的凝聚力。团队凝聚力不仅是维持团队存在的必要条件，而且对团队潜能的发挥有很重要的作用。

3. 促进激励功能

团队精神使每一名成员能够自觉地向团队中优秀的成员看齐，通过成员之间正常的竞争来促进激励。这种激励不是单纯的物质激励，而是得到团队以及团队中其他成员的认可，这种精神激励的作用更加显著。

4. 控制协调功能

在团队里，不仅成员的个体行为需要控制，群体行为也需要协调。团队精神所产生的控制协调功能，是通过团队内部所形成的一种观念的力量、氛围的影响，去约束、规范、控制团队中的个体行为。这种控制不是自上而下的强制力量，而是由硬性控制转向软性内化控制；由个体行为控制，转向个体意识控制；由对个体短期行为的控制，转向对其价值观和长期目标的控制。因此，这种控制更为持久、更有意义，而且更容易深入人心。

四、团队精神的影响因素

1. 团队目标是否清晰、合理

具有清晰的团队目标，即团队成员清楚地了解所要达到的目标，并坚信这目标包含着重大的意义和价值，有利于提升团队精神。一个清晰、合理的目标还可以使团队成员将个人目标主动融入团队目标中，使团队成员为团队目标做出承诺，从而有助于提升团队精神。

2. 团队的结构是否完善

一个团队要想有效地运作，需要由不同技能类型的人员构成。研究发现，一个有效团队必须要确保选择"合适类型"的团队成员，应考虑每个潜在成员在技术方面能做出多大贡献，以及该成员在团队中扮演什么角色。这就是说，团队结构是否完善、团队成员之间是否能够互补、团队成员数量是否合适、团队成员年龄结构是否合理、各个成员在团队中扮演什么角色等都会对团队精神产生不可忽视的影响。

3. 沟通渠道是否畅通

要保持团队精神与凝聚力，沟通是一个重要环节。畅通的沟通渠道、频繁有效的信息交流，使团队成员不仅不会有压抑的感觉，而且能从中迅速掌握各种信息和技术，从而使工作效率得以提升，团队精神得以构建。

4. 团队氛围是否公平、公正、和谐

团队精神的构建不仅需要有良好的沟通机制，也需要公平、公正、和谐的团队氛围。公平、公

正、和谐的团队氛围对于一个团队来说非常重要。一些团队缺乏团队精神、凝聚力不强的根本原因就在于没有形成确保公平、公正、和谐的机制和氛围。

五、提高团队精神的方法

1. 明确团队目标

一致的目标可以催人奋进，是把人们凝聚在一起的力量，是鼓舞人们团结奋斗的动力，也是督促、约束团队成员的标尺。目标的确定和提出需要切合实际，做到以科学的团队目标凝聚团队成员。同时，制定团队目标时要充分考虑个人的目标和发展愿景，将个人的目标融入团队目标当中，实现二者有机结合，使团队目标鼓舞人心，促进成员团结协作、共创佳绩。

2. 健全团队管理制度

管理不是约束人的思维、限制人的行为，而是要依靠科学的管理，让人们知道该怎样做、为什么要这样做。科学的管理制度能使人们的行为规范化。好的团队应该有科学、完善的制度规范，如果缺乏有效的管理制度，就无法形成纪律严明、作风过硬的团队。

3. 创造良好的沟通环境

有效的沟通有助于及时共享重要的信息，也有助于及时反映工作进展，同时有助于及时消除和化解领导与成员之间、各部门之间、团队成员之间的分歧与矛盾。因此，团队必须搭建起沟通的桥梁，建立良好的沟通环境，以增强团队凝聚力，减少"内耗"。

4. 营造和谐美好的团队氛围

尊重人是调动人的积极性的重要前提。舒适的工作环境，彼此尊重的人际氛围，人性化的管理手段，能够让团队成员获得工作的参与感和幸福感，使人人都能感受到团队的温暖和价值，会极大地激发成员献身团队的决心和动力。紧张的团队氛围会导致团队内部的分崩，严重影响团队发展。创造和谐美好的团队氛围才能让团队成员面对工作有热情，面对挑战有激情。关怀、爱心、耐心、善用、信任和尊重是营造好的团队氛围时应当重点考虑的因素。

团
队
建
设

知行合一

女排精神

中国女排在2018年世界锦标赛六强赛中，在1∶2落后的紧张情势下，实现总比分3∶2逆转，战胜美国队。比赛中，每一次进攻得分都离不开主攻、副攻、防守、二传手等多名队员的各司其职、默契配合，没有人可以凭借一己之力带领团队取胜，战胜对手靠的是大家的努力拼搏、勇往直前。当比赛陷入被动时，队员们也会通过语言、动作相互加油打气。女排精神再次震撼全世界。

分析：团结有爱、互帮互助的团队氛围成就了团队的胜利和每个队员的成功。无论走到哪里，无论对手是谁，只要队友们陪伴在自己身边，女排姑娘们就会无所畏惧，所向披靡。这就是团队的力量，这就是团队精神的重要意义，女排精神完美诠释了团队精神的内涵。

---

5. 增强成员全局观念

团队由多个个体组成，认知水平各不相同。团队组建后要注重培养成员的全局观念，使每位成员都了解团队的意义，懂得团队精神的重要性。团队成员不能过于计较个人利益和局部利益，而是要将个人、部门的追求融入团队的总体目标，才能实现团队的整体效益最大化。团队成员之间要做到风雨同行、同舟共济。没有团队合作，仅凭一个人的力量难以达到理想的工作效果。只有通过集体的力量，充分发挥团队精神，才能使工作做得更加出色。

6. 引导成员参与管理

每个成员都有参与管理的愿望和要求。正确引导和鼓励这种愿望，可以使团队成员积极为团队发展出谋划策，贡献自己的力量与智慧。

小结与思考

团队精神是团队运行过程中所展现的团队凝聚力、团队合作、团队士气的集合，使个体利益和集体利益得以整合，使团队成员积极互动，是组织高效运行的关键。

你了解的成功企业的团队精神有哪些共同点？

第三节　团队信任与合作

信任的核心在于依赖，是一种心理和行为上对他人或事物的依赖。从理论上讲，团队信任是指成员对团队及团队价值、团队成员能力或品格等有着较强的信赖。

 初心不忘

赵子龙单骑救主

建安十三年，刘备兵败，向南逃往江陵。曹操派麾下精骑快马追赶，终于在当阳长坂附近追上了刘备。此时情势危急，刘备便丢下妻儿，向南逃逸。这时赵子龙却反而向北进入曹军。当时，有人看到赵子龙向北而去，就对刘备说："赵子龙必定是向北投靠曹操去了，此等背信弃义之辈，实在令人痛恨！"刘备闻言，用手戟掷那告状的人，坚定地说："子龙是不会弃我而去的！"果不其然，赵子龙在曹军中左冲右突，连斩数将，终救得刘备幼子刘禅回到刘备身边。这就是历史上经典的"赵子龙单骑救主"的故事。

分析：信任是团队成员彼此合作的基础，也是团队正常运行的有效保障。刘备对赵云的信任，不仅换来了团队的稳定，更换来了赵云对刘备一生的忠诚。

团队信任是团队合作的前提，有着重要的作用：①团队信任能够促进团队的沟通和协调，能够让团队成员敞开心扉，坦诚交流团队问题，真诚提出发展建议；②团队信任能够提升合作的品质，因为建立在信任基础上的合作能够让团队成员进行充分有效的团队交流，避免产生信息歧义，避免产生合作分歧；③团队信任能够产生强大的相互支持功能，使成员间存有心理上、行为上的相互依赖、相互支持，增强团队精神。

一、团队信任的构成要素

团队信任有四个构成要素：正直、承诺、坦诚、一贯。

1. 正直

正直就是要不畏强势，敢作敢为，能够坚持正道，勇于承认错误。团队中的正直主要体现为团队领导者的正直，只有领导者拥有正直的品质，团队才能形成正直的氛围，团队成员才能对领导者产生信赖，对团队产生信任。

2. 承诺

承诺意为应允、同意，表示沟通中的一方答应另一方的某个要求或事项。承诺的重要意义不仅在于结果上的真正兑现，也在于承诺履行过程中的承诺效应及心理契约。承诺是对人的一种约束，它鼓励人们战胜困难，实现自己既定的目标，提醒人们要对自己的决定负责任。心理契约则是指被承诺方对承诺方所产生的期待，这种期待由对方给出的承诺所引发。在团队中，团队领导者如果能做到一诺千金，团队就会逐渐形成重承诺的优良作风，进而增进成员间的相互依赖及信任。

3. 坦诚

从辞源学说，"坦"强调平而直，"诚"意为真诚和真实。坦诚是指不隐瞒、不修饰，于人于己都能做到坦白、真诚。团队成员间需要坦诚相见，才会有信任，因为坦诚能够维持成员在交往过程中的心理平衡。如果成员在交往过程中发现对方不够坦诚，就不能维持心理平衡，成员关系就会产生裂痕。而且当心理处于不平衡状态时，成员需要投入相当多的精力去调整。时间一长，就会因耗费太多精力而感到疲惫，团队信任也会随之弱化。

4. 一贯

一贯是指一种行为方式的可预测性，即团队成员在交往过程中，逐渐形成可预测的行为倾向，从而有助于其他成员采取适宜的行为。一贯性能够提高团队成员交往的舒适度，也能够增强团队的信任感。如果团队或团队成员缺乏一贯性，势必影响团队成员间的相互信赖。

二、培养团队信任的方法

1. 明确团队目标

明确、共享的团队目标是团队信任形成的重要影响因素。团队目标的建立，即为整个团队成员绘制了一幅蓝图，有了团队目标，团队的存在才更有意义。反之，如果目标、愿景不明确，则整个团队可能会陷入混乱状态。而要明确团队目标，一是要明确团队的最终目标、工作范围、进度计划，二是要明确每个成员在团队中的角色、位置、权限、职责、任务，三是要明确各成员之间的相互关系。

2. 促进团队成员间的有效沟通

沟通，尤其是社会沟通，推动了团队信任的早期建立。相比低信任团队，高信任团队的成员对团队有着更大的热情。要实现团队成员的有效沟通：一是要构建多渠道的双向信息交流平台，包括横向、纵向（自上而下及自下而上）的沟通及反馈等，以提高信息透明度；二是要实施有效的激励措施，激发员工参与团队沟通的积极性，及时化解沟通障碍；三是要提升团队领导者的管理素养，以提高团队管理可信度。团队领导者的可信度在很大程度上影响着团队可信度，因此，领导者需要不断提升自身的管理素养和道德修养，以身作则，并积极协调成员之间的行为，不断提升自身的可信度。

3. 建立角色管理机制

团队信任与团队角色管理密切相关。加强对团队成员角色管理的一项重要内容，就是要建立团队成员之间的心理契约，即团队与成员双方对相互之间责任和义务的期望。具体的方法包括：①科学地进行团队成员的角色定位，根据各成员的个性特质，帮助团队成员充分发挥自身的能力和潜能，进一步增强团队柔性；②注重角色分工互补，形成一个有机整体；③帮助团队成员认清各自的角色，使其尽快适应角色要求，助其快速成长；④根据外部竞争性、内部公平性，基于个人业绩和能力，对成员的角色贡献进行客观的评价和奖励。

4. 营造知识共享的团队文化氛围

影响团队绩效的另一个重要因素是团队的知识共享程度，为此，团队需要加强文化建设，建立团队成员的知识共享机制。①努力塑造诚信文化。与团队成员建立真诚的合作关系，相信并尊重每个成员，最大限度地发挥成员的作用。②加强团队信息网络建设，提高知识管理水平。充分发挥计算机信息网络功能，将人、知识与工作任务整合起来，为团队成员创造一个全新的知识获取、共享平台，构建柔性化的组织结构和扁平化的信息传递渠道。③建立知识共享的激励制度。积极开展目标激励，促使团队成员尽快形成利益共同体，增强团队成员之间的可依赖性和信任感。

三、团队合作的重要性

团队合作是团队成员基于团队信任，为达到既定目标所显现出来的自愿合作和协同努力的精神。它可以调动团队成员的资源和才智，消除不和谐、不公正的现象，形成相互支持、相互合作的团队互助格局，提升团队精神。

知行合一

小米的团队合作

成立于2010年的北京小米科技有限责任公司（以下简称"小米"），是一家专注于智能硬件和电子产品研发的移动互联网公司，同时也是一家专注于高端智能手机、互联网电视以及智能家居生态链建设的创新型科技企业。小米的产品概念是"为发烧而生"，小米借助互联网开发手机操作系统，在短短的十年时间里发展迅猛。其原因之一在于该企业有着很好的团队合作模式。一是依托个人特长，实现科学分工。创始人、董事长兼CEO雷军负责企业发展战略规划和重大决策；联合创始人、总裁林斌依托自身在计算机、工程领域的专业技能，负责手机研发和生产工作；联合创始人、副总裁黎万强发挥自身在品牌规划领域的优势，负责品牌建设。二是基于精确分工，推进有效合作。小米的内部组织架构清晰，实现了产品、营销、硬件、电商多层架构，并设置了每层的领导者。精确的分工为团队合作确定了清晰的合作框架。三是用"小餐馆理论"压缩管理层级，减少团队合作内耗。雷军在2013年中国互联网创业者大会上表示，小米要坚持做一个"小公司"——在这个企业组织里，几乎没有管理层，核心的团队大都在一线。这个管理理念与雷军曾经的一个梦想有关。他在创办小米之前曾有个梦想，就是开一家门口有人排队的小餐馆。他认为"最成功的老板是小餐馆的老板，因为每一个客户都是朋友"。通过这种无等级、面对面的沟通，企业可以建立良好的人际关系网络。这就是他所提出的"小餐馆理论"。四是注重团队信任，促进团队和谐。一方面，小米创业团队内部实现了充分信任；另一方面，团队领导者对团队一般成员充分信任，雷军曾笑称他基本都是闭着眼睛在报销单上签字。

　　分析：高效的团队合作是成功的基石，新型的"中国式合伙"让小米走上了成功的快车道。

"一个和尚挑水喝，两个和尚抬水喝，三个和尚没水喝。""一只蚂蚁来搬米，搬来搬去搬不起；两只蚂蚁来搬米，身体晃来又晃去；三只蚂蚁来搬米，轻轻抬着进洞里。"这两句广为流传的俗语，呈现了两种截然不同的结果。三个和尚之所以没水喝，是因为相互推诿、不讲协作；"三只蚂蚁来搬米"能"轻轻抬着进洞里"，则是团结合作的结果。无论是对于团队还是个人，团队合作都有着重要的作用。

1. 营造团队融洽的氛围

团队合作能够使每个成员都有一种归属感，有助于提高团队成员的效率和积极性，使其不会因为独自奋斗而产生孤独感。正是这种归属感使得每个成员感到在为团队努力的同时也是在为自己努力，同时也有其他成员在一起为实现团队目标而努力，从而激起更强的工作动机，形成融洽的团队氛围。

2. 形成"1+1>2"的合力

团队的力量远大于个人的力量。团队不仅强调个人的工作成果，更强调团队的整体业绩。团队所依赖的不仅是集体讨论和决策，还有成员的共同贡献。团队有这样一种"魔力"，能够让成员有着更强的工作动机和工作欲望。为了能够让团队有最佳业绩，团队成员会彼此协作、相互配合，完成个人无法完成的项目，呈现"1+1>2"的合力效果。

3. 推进工作创新

团队是由两个或两个以上的个体组成的。"三人行，必有我师焉。"也就是说每个人都有自己的优缺点，都有自己独到的想法。团队成员的多元化有助于产生不同的想法，有助于在进行决策的时候集思广益而形成创新的工作思路，进而使团队工作不断地推陈出新，形成良好的工作绩效。

4. 形成有价值的行为规范

在团队中，当个别成员与他人行为不同时，团队内部所形成的规范会对其施加一种有形或无形的压力，使其在心理上产生一种压抑和紧迫感。在这种压力下，成员会不知不觉地在意识判断和行为上表现出与团队中大多数成员相一致，从而达到去约束、规范和控制个体行为的目的。规范和控制个体行为有助于团队行动的标准化，有利于提高团队的效率，形成更强的团队生产力。

综上所述，团队合作在实现既定目标上具有很多优势，团队领导者要引导团队成员学会与他人合作，学会做一只合群的"大雁"，这样才能使团队"飞"得更高、更快、更远。

四、加强团队合作的方法

1. 建立美好的团队愿景

团队愿景是经其内部成员共同讨论，形成的成员们一致认可、愿意全力以赴的未来方向，一般包括团队核心理念和团队未来展望两部分。团队愿景融合了整个团队对未来的美好寄托，能很好地起到推动成员共同奋进、激发成员斗志的作用。在建立美好的团队愿景的过程中，需要注意以下五方面：①要在准确把握个人愿景的基础上，将个人愿景作为共同愿景的基础；②要按照先自下而上，后自上而下的顺序提出团队愿景；③团队要反复酝酿，不断提炼和充实愿景；④团队愿景应当简单易懂，即让成员在知道共同愿景后，能够很快地领会它的意思，并且不用十分费力就能记住其主要内容；⑤团队愿景应当有吸引力，即当成员在读到或听到愿景规划后，能够对自己说："听上去还不错，我喜欢它，要是我们真像那样就好了！"

2. 设定科学的团队目标

团队愿景是团队对未来所做的长远规划和蓝图，还需要有具体的执行体系。为此，团队需要建立与愿景相匹配的团队目标，分阶段地朝着团队愿景努力。团队目标是团队在一段时期内要完成的具体任务，是团队成员团结互助、共同努力的方向和执行标准，能有效整合团队各成员优势，减少团队摩擦，提高团队成员的合作性。在设定团队目标的过程中，要注意以下四方面：①团队目标设置要与团队愿景相匹配，即团队要按照愿景来具体设计团队目标；②团队目标要采用滚动计划法，时间越近，目标应当越清晰；③团队目标要在成员个人目标的基础上形成，使个人目标与团队目标相融合；④团队目标既要有挑战性又要有可执行性，以此激励成员为实现团队目标而相互合作。

3. 构建合理的团队合作规则

团队合作规则是团队成员在工作中与他人合作、相处时必须遵守的标准。每个团队都应该形成自己的规则，最好是同时编制正面和反面的团队行为清单，并向全体成员公布，以此来规范团队成员的合作行为。团队合作规则是团队合作的行为指南，鼓励有益的合作行为，纠正不良的合作行为，帮助成员了解什么是团队所期望的行为，从而提高团队成员的自我管理能力和自我控制能力，促进团队的成长，使之尽早进入规范期。团队合作规则共有五个方面：①支持规则，即要建立团队成员之间寻求和提供协助与支持的规则，鼓励团队成员相互支持；②沟通规则，即团队成员要能准确、及时地交换信息，减少沟通发送者、沟通渠道、沟通接收者之间的障碍；③协调规则，即团队成员要根据团队绩效的要求来规范个人行动，从而协调好个人行动与团队整体行为；④反馈规则，即团队成员之间应及时反馈团队互动结果、寻求并接受建议和反馈信息，推进双向有效沟通；⑤监控规则，即团队成员需观察他人的行为，在必要时提供反馈和支持。

小结与思考

团队合作是团队高效运行的保障，团队信任是团队合作的基础和前提。因此，建立团队信任对一个团队尤为重要。

谈谈你了解的成功企业是如何建立团队信任的。

第四节　团队士气与激励

一、团队士气

团队士气是团队成员对自身所在的团队感到满意，愿意成为该团队的一员，并协助达成团队目标的一种态度。从心理学上分析，士气是维持意志行为的具有积极主动性的动机。士气可以表现为心理活动的很多方面，但无论是哪种表现，都必须具备心理活动的积极主动性（即心理活动的整体长远性）和意志性（即行为的坚强果断性）两个特征。

1. 团队士气的表现

士气高的团队会表现出以下七个特征：①团队的团结来自内部的凝聚力，而非外部的压力；②团队本身具有适应外部变化的能力以及处理内部冲突的能力；③团队成员对团队具有强烈的归属感，且团队成员之间具有强烈的认同感；④团队成员没有分裂为小团体的倾向；⑤团队中每个成员都明确地认识到团队的目标；⑥团队成员对团队的目标及领导者持肯定和支持态度；⑦团队成员承认团队存在的价值，并且有维护其团队存在和发展的意向。

知行合一

亮剑精神

古代剑客们在与对手狭路相逢时，就算对手是天下第一剑客，明知不敌，也要亮出自己的宝剑。即使倒在对手的剑下，也虽败犹荣，这就是亮剑精神。剑锋所指，所向披靡。明明知道打不赢也要敢于亮剑，狭路相逢勇者胜。这是一个强者的心态，也是一种强者的精神，告诉我们不要轻言放弃，永不言败，要有拼搏奋斗、一战到底的决心。就像一支军队若是没有了士气，没有了敢作敢为的决心，那么即使有再好的武器，也打不了胜仗。

分析：高昂的士气是团队面对一切挑战的底气，也是团队战胜一切困难的重要基础。逢敌亮剑，斗志昂扬，敢打敢拼，士气高涨是战胜一切强敌的有力保障。

---

2. 团队士气的影响因素

团队士气的影响因素是多元的，影响过程也是比较复杂、动态的，主要有以下六个方面。

（1）对团队目标的认同程度

团队目标是指引团队发展的方向，是推进团队生存与发展的关键因素，对团队目标的认同程度将直接影响团队士气。如果团队成员赞同、拥护团队目标，他们会觉得自己的要求和愿望在团队目标中有所体现，士气就会高涨；如果团队成员认为团队目标不契合实际、过于空洞，他们就不会为之努力，也不会形成对团队的依附力。

（2）利益分配的合理性

每个人做事都跟利益有关系，但无论是物质的还是精神的，利益只有在公平、合理、同工同酬、论功行赏的情形下进行分配，人们的积极性才会提升，士气才会高昂。团队成员在团队运行中也会有自身的利益诉求，而一旦成员感受到利益分配不合理，势必将影响其对团队的认同感和自豪感，从而影响团队士气。

（3）团队成员的满足感

团队成员的满足感主要指的是成员对团队工作的满足感。如果团队成员对工作非常热爱、感兴趣，而且工作也适合个人的能力与特长，士气就会高涨。如果个人的能力超出了工作的要求，成员就会觉得不满足；反之，如果个人的能力不及工作要求，成员就会产生压力，对工作失去兴趣和满足感，从而影响团队士气。

（4）对领导者的认可

团队领导者是团队的领袖，是团队精神的集中体现。团队领导者是否优秀，是影响团队士气的一个重要因素。如果领导者作风民主、广开言路、乐于接纳意见、办事公道、遇事能同大家商量、善于体谅和关怀下属，团队士气就会非常高昂；如果领导者独断专行、不接受成员的任何意见，则会削弱团队的士气。

（5）团队内部和谐程度

如果团队内人际关系和谐，团队成员互相赞许、认同、信任、体谅，通力合作，这时团队凝聚力就会很强，团队士气就会高涨；如果团队成员相互不信任、争论不断，将会影响团队内部和谐，影响团队士气。

（6）信息沟通的有效性

团队成员间、团队领导者与成员间、团队成员与外部成员间顺畅的信息沟通，是团队健康有效运行的保障。如果不同成员间的沟通受阻，就会引起信息不畅，容易产生误解甚至冲突，最终团队成员会产生不满情绪，影响团队士气。

3. 提升团队士气的方法

（1）设置科学的团队目标

团队要根据SMART原则设置科学的团队目标。S即Specific，代表"具体"，指目标设定要有具体的工作指标；M即Measurable，代表"可度量"，指团队目标是可量化或者行为化的，验证团队目标落实程度的数据或信息是可以获得的；A即Attainable，代表"可实现"，指团队目标在付出努力的情况下可以实现，避免设立过高或过低的目标；R即Relevant，代表"相关性"，指此目标与其他目标的关联情况；T即Time-based，代表"时限性"，指完成团队目标的特定期限。按照这个原则设置的团队目标，能更好地发挥团队引领作用，更好地激发团队士气。

（2）建立合理的奖励机制

训兽师在训练海豚时，每完成一个动作，就会给海豚一份它喜欢的食物作为奖励，给予正面肯定的方式是海豚训练的诀窍所在。这种做法叫行为强化。行为强化理论同样适用于团队管理，如果成员因完成某个目标而得到肯定和奖励，就会更加努力地重复这种行为。所以团队要建立合理的奖励机制，让有出色表现的成员及时获得奖励和肯定。同时，团队应当想办法提高奖励的透明度，从而避免利益不均对团队士气的负面影响。

（3）关心并鼓励员工发展

每一个团队成员除了拥有团队中的身份以外，还有着多个身份角色，因此成员在团队工作以外的生活、学习等都可能会影响其情绪，进而影响其在团队中的表现。为此，团队领导者应该多关心成员，帮助其解决生活中的各种问题，从而实现情感融入。除此之外，团队应该注重成员的发展。发展是团队成员的基本需求，而且这种需求是多元的，如职位升迁、工作价值感等。为此，团队要鼓励成员多元发展，并建立机制让成员感受到工作的成就感、满足感，从而增强成员对团队的认同，提升团队士气。

（4）塑造优秀的团队领导者

团队领导者是团队的精神象征，塑造优秀的团队领导者是提升团队士气的重要方法。为此，团队一方面要建立起团队领导者的科学甄选机制，让有才能、有品德、有感染力的人成为团队领导者；另一方面也要建立起团队领导者的合理退出机制，将不适合担任领导者的人及时调离领导职位。除此之外，团队也要建立起团队领导者培养机制，不断提高领导者的领导水平，从而提升团队的整体士气。

（5）构建和谐的团队文化

文化是一种生产力，和谐的团队文化能够实现团队融合，具体包括精神文化、制度文化、行为文化及物质文化四个层面。和谐的精神文化要求团队成员有着共同的价值观；和谐的制度文化要求团队有着开放、开明、科学的运行机制；和谐的行为文化要求团队成员能够互帮互助、相互支持；和谐的物质文化要求团队的办公场所、成员的生活场所以及学习场所能满足成员发展及团队和谐运作的需要，从而在团队内部形成强大的凝聚力和向心力，增强成员对团队的归属感和荣誉感。

（6）建立通畅的建言机制

要想提高团队士气，对团队内部问题不能"堵"，而要通过建立通畅的渠道进行"疏"，避免形式主义。一方面，团队领导者要真正建立"开门政策"，即团队成员有建议、有想法，能得到及时倾听或解决；另一方面，团队要建立激励成员建言的机制，鼓励成员多提建议。除此之外，团队对成员所提的建议，要科学对待、及时解决。只有充分、有效、及时地进行信息沟通，才能减少团队内耗，提高团队士气。

（7）扩大激励的正面效果

团队激励对团队士气也有着重要影响。为此，团队要擅用表扬等激励方法，并将这种激励的正面效果扩大，形成更强的激励效应。一方面，团队要建立多元化的激励机制，根据成员的不同需求进行奖励；另一方面，团队可以通过一些管理手段，将激励效果扩大，形成正向激励的扩散效应，进一步引导成员实施正面行为，提升团队士气。

除此之外，创造并共享团队资源、实行柔性化管理等方法也是提高团队士气的有效方法。

二、团队激励

团队激励是指运用各种有效手段，包括奖励和惩罚，激发团队成员的热情、积极性、主动性，使其发挥创造精神和潜能，使其朝着组织所期望的目标而努力。

每一位团队成员都是一个个体，个体行为受动机支配。团队设置激励应当考虑人性和个体需求的差异性，诱导成员的需求和动机，调动成员的积极性。

1. 团队激励的原则

（1）因材激励

因材激励是指根据成员的不同个性区别激励。内向的人和外向的人性格不同，积极的人和消极的人心态不同。团队管理者要根据不同成员的不同特点，选择恰当的激励方式，实现有效激励。

（2）及时适度

在团队中，奖惩一定要及时、适度。拖延会使激励效果打折扣，奖惩不适度也会影响激励效果，增加激励成本。奖励过度会使人自满、骄傲，影响激励对象进一步提升自我的意愿；奖励不足，激励效果欠佳，会让人产生误解或反感，觉得不被重视，也会影响其今后的表现。惩罚过度会让人觉得不公平，甚至不再对团队和工作抱有热情；惩罚过轻又起不到警示作用，被惩罚者下次依然会犯错。

团队建设

（3）公平公正

公平公正是激励的重要原则之一，人们一旦觉得不公平公正，就会影响他们的情绪和绩效。取得同等成绩的人员，应当获得同等奖励；犯同等错误的人员，也应受到同等处罚。管理团队成员必须遵循公平公正原则，不应带有偏见和偏爱，只有公平公正的奖励机制、惩罚机制才能激发成员的工作热情。所以，做到一视同仁，在团队激励中非常重要。

（4）适度竞争

团队成员既要具有团结协作精神又要具有竞争意识。竞争使人进步，可以强烈地刺激成员的进取心，使其发挥潜能。引入竞争机制有利于保持团队活力，营造进取的团队氛围。竞争也要适度，在鼓励优秀者的同时，对落后者也应给予帮助。

（5）按需激励

激励的出发点是满足成员的需求，需求存在很大的差异性。不同成员的需求不同，同一成员在不同发展阶段需求也会不同，相同的激励政策起到的激励效果会因人而异。这就要求管理者深入了解成员的现实情况和心声，了解共同需求和个别需求，制定相应的激励政策。

2. 团队激励的过程

激励过程是从产生需要到需要得到满足的过程。当人产生了某种需要而得不到满足时，就会产生紧张不安的心理状态，期望需要得到满足。然后，这种紧张不安的心理转化为动机，在动机的驱动下，人会设立可以满足需要的行为目标，并会采取行动努力实现目标。目标达成后，需要得到了满足，紧张不安的心理状态就得到消除。随后，满足的状态反馈回来，人又会产生新的需要，引起新的动机和行为。这就是整个激励的过程，如图6-1所示。

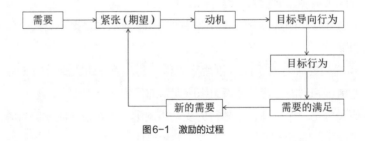

图6-1　激励的过程

3. 团队激励的方法

（1）物质激励法

物质激励法是指运用物质奖励使受激励者得到满足，进一步调动其积极性、主动性和创造性的方法。物质激励包括货币激励、奖品激励等，是最容易实现的激励手段，适合阶段性工作、临时性工作和有一定困难的任务。物质激励也有其不足。从长期来看，它是最不可靠、代价最昂贵的一种激励手段。物质激励最大的受众面是基层员工，虽然物质对员工的激励效果直接而有效，但要注意额度相同的持续物质刺激有消退期和适应期，当这种情况发生时，员工工作的积极性和创造性也会进入一个倦怠期。所以，物质激励不宜单独使用，应当与其他激励手段结合使用。

（2）工作激励法

工作激励法是指激发团队成员的责任感、主动性和工作热情的方法，其指导思想是使团队成员有获得成就的机会、晋升的机会和组织认同感。它可以区分为横向激励与纵向激励。横向激励是使团队成员执行同一水平的多样职能，以减少其对工作的厌烦情绪并开阔其眼界，从而为纵向激励准备条件。纵向激励是使团队成员有条件参与制订计划和担负管理职责。工作激励的目标是创造一个自然协调的完整的工作团体，允许团队成员对完成工作发表自己的意见，减少对其不必要的控制，在工作过程中随时向团队成员提供反馈，使之知道工作是否有了改进，从而获得经验，以便承担更为困难的工作并得到晋升。

（3）目标激励法

目标是行动的预期结果，是行为的一种诱因，具有诱发、导向和激励行为的功能。因此，适当地设置目标，能够激发人的动机，调动人的积极性。

目标激励法是指制定切实可行的目标，以激励人们奋发工作，不断取得进步的方法。领导者应当为团队成员确立既振奋人心又切实可行的奋斗目标，发掘人的才智，鼓舞和激发人的积极性和创造性。

实施目标激励应当注意以下几点：一是不仅要明确个人的工作目标，而且要明确整个组织和各个部门的目标，为达到这个要求，必须让工作对象参加目标的讨论和决策；二是目标定位要准确，如果目标难度很大，甚至可望不可即，实现起来非常困难，就不可能形成真正的动力；三是积极创造条件，使成员的目标能够得以实现。应当注意的是，给予每个成员的机会应当是均等的，因为只有均等的机会才能促成每个人为实现目标而努力。

（4）尊重激励法

尊重激励法就是要尊重团队成员的人格，尊重他们的自尊心、进取心、好胜心，尊重他们的独立性，颂扬他们的优点、闪光点。人人都需要尊重，人人都能从尊重中得到激励。

尊重激励法是一种人性化的激励方法。领导者要发自内心地去尊重每位成员，对待成员有礼貌，不嘲笑，不轻视，尊重他们的人格，认真听取他们的建议，让他们感受到自己对团队的重要性。

（5）参与激励法

参与激励法是为了发挥团队成员所有的潜能，为了激励成员对团队做出更多努力而设计的一种激励方法。参与激励法常见的有以下几种形式。

员工代表参与是指普通员工并不直接参与管理决策，而是由一定数量的员工代表参与决策。常见的代表参与方式是工作委员会和董事会。员工代表参与能否起到激励员工的目的，取决于这种形式能否发挥应有的作用，使员工受到激励。

参与式管理强调通过员工参与管理决策，使员工改善人际关系，发挥聪明才智，实现自我价值，同时，达到提高组织效率、增长效益的目标。

20世纪80年代以来，越来越多的企业开始拟订并实施员工持股计划。员工持股的确能够激励员工更努力、更主动地工作。员工持股将参与激励法的作用充分表现出来。在员工满意度和销售增长方面，采用员工持股方式的公司要优于传统公司。

（6）培训激励法

培训激励法是指为激发受训者的学习冲动以及学习欲望所采取的激励方法。团队成员的技能、岗位、薪酬皆有所不同，所以需要通过学习和培训来得到提升，进而增强工作能力，提升竞争力。

（7）荣誉激励法

荣誉激励法是把工作成绩与晋升、评优等联系起来，以一定的形式或名义体现出来的方法，主要有表扬、奖励、经验介绍等形式。荣誉可以成为鞭策荣誉获得者不断进步的力量，还可以对其他人产生感召力，激发比、学、赶、超的动力，从而产生较好的激励效果。

（8）负激励法

负激励法是指当团队成员的行为不符合组织目标或需要时，团队将给予惩罚或批评，来抑制这种行为的方法。负激励的具体表现主要有：警告、纪律处分、经济处罚、降级、降薪、淘汰等。

在激励中，负激励会给人造成工作不安定感，同时还会造成下级与上级关系紧张化，同事间关系复杂化，有时甚至会破坏组织凝聚力。过于严厉的负激励措施容易伤害人的感情，使人整天处于战战兢兢的状态，很容易降低个人创新能力和积极性；负激励措施太轻，成员会不当回事，起不到震慑作用，达不到预期目的。因此，负激励的运用一定要注意把握好度，对不同的成员要区别实施。

小结与思考

团队士气高涨可以有效激励团队成员努力实现团队目标，是团队高效运行的保障。因此，调动、激发并维持高昂的团队士气是一个团队的重要工作。

谈谈你了解的成功企业是如何激发团队士气的。

实操训练

任务一：团队文化

实训活动：寻找团队文化。

实训目的：感受优秀企业的企业文化。

实训道具：笔和纸。

实训过程：

调研世界五百强企业的企业文化，完成下面的表格。从中挑选一个企业，介绍其企业文化的内容和特色（见表6-1）。

表6-1　企业文化

企业名称	企业目标	企业理念	企业定位	企业精神	企业特色的管理制度

实训反思：

如果你是一位创业者，你将如何建设团队文化？

任务二：团队精神

实训活动：团队战鼓。

实训目的： 通过游戏感受团队精神的重要性。

实训道具： 鼓、绳子、小球。

实训过程：

1. 教师依据学生人数划分团队，每个团队10～14人。

2. 每人牵拉一根或两根鼓上的绳子，手必须抓握绳子末端的绳套处。

3. 将小球放在鼓面上，学生通力协作，连续颠球，记录次数。

4. 当球落到鼓面以外的其他地方时，队员迅速拾起小球，继续颠球，累计次数。

5. 以2分钟内颠球的总次数作为团队成绩，次数最多的团队获胜。

实训反思：

1. 你们的团队成绩如何，是否取得了好成绩?

2. 你们在游戏过程中遇到了怎样的困难，是如何克服的?

3. 想要团队获胜，需要做到哪几点?

任务三：团队信任

实训活动： 生命之旅。

实训目的： 通过游戏感受团队信任的重要性。

实训道具： 眼罩。

实训过程：

1. 教师将全班学生分成2人一组，其中1人戴上眼罩。

2. 全班学生在教师的带领下，按指定路线到户外穿越障碍物，如过山坡、入丛林等。

3. 没戴眼罩的同学要紧紧拉着戴眼罩的同学，护送他/她一路穿越障碍。

4. 到达最终目的地后，2人面对面站着，分享感受，最后戴眼罩的同学摘下眼罩，给一路护送自己的同学一个大大的拥抱和一句真诚的感谢。

实训反思：

在整个过程中，你的心理感受是什么?

任务四：团队士气

实训活动： 公司晨会模拟。

实训目的： 通过晨会模拟感受团队士气。

实训道具： 根据实际情况准备。

实训过程：

1. 学生以小组为单位，模拟某一个公司晨会。

2. 晨会内容包括上一阶段总结、下一阶段目标、领导动员讲话、晨会游戏、晨会口号等展现团队士气的相关内容。

3. 小组成员服装尽量统一，可以制作晨会相关道具。

4. 要求整个晨会清晰、高效，彰显团队士气。

5. 晨会展现时间为每组5～8分钟。

实训反思：

1. 在整个晨会过程中，你的情绪和心理状态是怎样的?

2.你觉得这种状态是否就是团队士气？

3.这样的状态对即将开始的一天的工作是否有帮助？

学习检测

一、单选题

1.团队精神的核心要素是（　　）。

    A. 团队凝聚力　　　　B. 团队合作　　　　　C. 团队士气　　　　　D. 团队领导

2.团队合作的前提是（　　）。

    A. 团队角色　　　　　B. 团队信任　　　　　C. 团队规范　　　　　D. 团队目标

二、多选题

1.团队精神包括（　　）。

    A. 团队凝聚力　　　　B. 团队领导　　　　　C. 团队士气　　　　　D. 团队合作

2.团队凝聚力可以划分为（　　）。

    A. 归属意识　　　　　B. 亲和意识　　　　　C. 责任意识　　　　　D. 自豪意识

3.团队合作的构成要素有（　　）。

    A. 坦诚　　　　　　　B. 正直　　　　　　　C. 承诺　　　　　　　D. 一贯

三、简答题

1.请简要阐述团队精神的影响因素。

2.在企业实践中，可以通过哪些方法来促进团队信任？

3.团队士气的影响因素有哪些？企业可以通过哪些方法来提升团队士气？

四、思考题

传承与变革

    小王海外博士毕业，回到家乡，在一家国企上班。小王的父亲是一个小型家族企业的老总。企业虽然比不上大型公司，但也能保持基本盈利。随着父亲的年迈，小王辞掉了国企工作，接手了家族企业。

    小王接手家族企业之后，准备把家族企业做大做强。在上任之后，小王进行了一系列培训及改革：一是亲自给所有员工培训，告诉企业员工企业所处的激烈环境，让员工感受到外在的威胁，鼓励员工相互抱团；二是建立偏重集体奖励的奖励制度，提出了以车间或部门为单元的奖励机制，个人奖励完全依赖于集体奖励，从而拉开了部门或车间的奖励差距；三是加大了对企业的监管，强化了自身在成员中的集权地位，将原本授权给部门经理的一部分权力重新收归自己；四是积极跟随父亲参与社会交往，传承父亲的社会关系，不断拓展外部资源，为团队发展提供良好的外部环境；五是建立了企业的文化展览中心，讲述企业从产生到发展的艰辛历程，传承企业的优秀文化故事，提高团队的凝聚力。

1. 小王所进行的五项改革中，哪些有利于团队凝聚力的提升？

2. 小王所进行的五项改革中，哪些不利于团队凝聚力的提升？

3. 针对小王所提出的不利于团队凝聚力提升的改革，如果你是小王的父亲，你将如何指导小王更正？

4. 本案例对你有何团队建设的管理启示？

团队建设

第七章
团队执行力

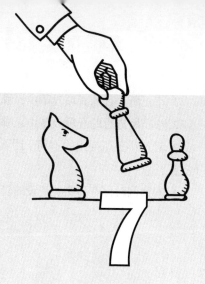

【知识目标】

- 了解团队执行力的概念，熟悉团队执行力的影响因素，掌握提升团队执行力的主要措施。

- 了解团队责任与责任心，掌握增强责任心的主要途径。

【能力目标】

- 能够根据实际情况，提升团队执行力，增强团队责任心。

【素养目标】

- 正确认识团队成员对团队的责任和贡献，学会尊重他人。

知识梳理

第一节 提升执行力

执行力是指贯彻战略意图，完成预定目标的操作能力，它是把组织目标、计划转化成效益、成果的关键。

个人执行力就是办事能力，即能否在规定的时间内保质保量地完成任务。特别是在面对复杂、困难的任务目标时，能否坚持不懈、不畏艰难，不断解决前进道路上的问题，最终完成任务。

团队执行力是指团队将任务目标转化为现实成果的能力。对团队来说，执行力就是战斗力，优秀的团队在接到上级的指令或要求后，都能迅速做出反应，将其贯彻或者执行下去。

一、团队执行力的影响因素

个人执行力往往受个人能力、工作态度、所掌握的资源等因素影响。和个人一样，团队的执行力也会受到很多因素的影响，主要有以下四个方面的因素。

1. 人员与定位

一个工作团队由多个不同的工作岗位组成，而不同的岗位对能力与素质的要求是不同的。团队人员结构的理想状态是：成员在能力方面各有所长而且能优势互补，作为整体的团队拥有完成工作所需的全部技能。

就团队成员个人而言，找准在团队中的位置十分关键。准确的定位往往意味着找到了能让自己充分发挥才能的平台，会激发个人的工作热情，有效地提升个人执行力。

2. 工具与资源

"工欲善其事，必先利其器"，完成任何工作任务都离不开必需的工具与资源。在人力资源水平相近的情况下，拥有先进工具或丰富资源的团队往往更容易完成任务目标。

能否熟练地驾驭工具，充分发挥其作用是个人或团队专业能力的重要体现，设备越先进，对使用者的能力要求越高。作为团队的领导者，不仅要具备获取更多资源的能力，还要能够对已有的资源进行有效的配置，从而降低成本、提高效率。科技的进步使得工具不断更新换代，社会的发展会带来更多的资源和机会，不论是团队还是个人都需要持续地学习，才能保持竞争力。

3. 制度与流程

高效团队需要有完善的制度体系，而且必须严格按制度办事，这样才能充分发挥制度的约束与激励作用。好的制度要体现其优势，需要人们理解、尊重并自觉在其框架内做事。

流程是团队在完成具体工作任务时的环节安排，即先做什么、后做什么、如何衔接。优秀团队经过长期磨合，会总结出一套科学、合理、完备的流程，即有效的范式，这样每接到一个新工作任务都能够快速步入正轨，真正把行动转换为执行力。

4. 心态与信念

健康的心态能使团队成员正确面对工作中出现的问题，也有助于建立与维系良好的合作氛围。关键时刻能否控制好情绪，保持平静的心态，对个人及团队的执行力有着重要的影响。

在实现目标的道路上往往会遇到很多困难，容易出现倦怠、畏惧甚至放弃等心理。必胜的信念能弥补能力或者资源上的不足，让团队及成员在困境中敢于挑战。不惧苦难、坚持到底是高执行力的重要体现。

二、团队执行力不高的原因

在实际工作中，个人会因为情绪不高、能力不够、人际关系不好等原因导致执行力低下，从而无法保质保量地完成工作任务，团队也一样。团队之中，不管是领导者还是一般成员，都要时刻关注团队整体的执行力，及时发现问题，分析原因，采取有效措施予以改进。

1. 能力不到位

能力不到位主要体现在团队整体和成员个人两个方面。

① 根据"木桶理论"，构成组织的各个部分往往是良莠不齐的，而劣势部分往往决定整个组织的水平。如果团队成员的能力构成中存在明显短板，在完成任务时往往会拖整个团队的后腿，在相互较量时更会被对手抓住不放，严重削弱团队的战斗力与竞争力。

② 就团队成员个人而言，除了必须对自己所处的岗位有明确清晰的认识和了解外，也要检测自己的能力素质是否能够满足岗位的需求。如果水平不够，执行力便无从谈起。

2. 分工不合理

"尺有所短，寸有所长。"一个团队想要创造出佳绩，首先要对团队成员做出一个准确的定位，即让团队的每个成员找到发挥自己才能的岗位，这是团队工作顺利开展的前提，也是团队执行力提升的基础。定位不合理会导致才不配位、大材小用等情况出现，导致团队战斗力不强或人力资源浪费。团队成员出现角色模糊、错位、缺位等现象，会使成员之间职责不清、互相推诿，最终将会降低团队效率。

团队除了要对成员进行明确的分工定位，还要让每位成员明确自己的职权与职责。权责明晰是对团队成员进行全面考核的基础，权责不清会造成遇到功劳抢着要、简单工作抢着干、困难工作靠边站、出现问题相互扯皮的现象，长此以往团队执行力就是空谈。

3. 沟通不顺畅

团队合作离不开成员间的沟通，良好沟通是团队高效执行力的前提。在执行团队工作计划的过程中，如果成员之间沟通不顺畅，上级的部署下属不能正确领会，下属发现了问题不及时上报，同事之间因为互不了解而相互猜忌，面和心不和，这些势必影响任务目标的实现。

外部环境对团队的生存发展至关重要，团队在执行任务的过程中必须与顾客、公众政府部门等外部群体处理好关系。如果与外部的沟通出现问题、团队很可能失去一些宝贵的资源，损坏组织形象，甚至对组织造成致命打击。

4. 信任不充分

相互信任的团队氛围也有助于提升团队成员执行任务的决心，使团队每个成员了解自己存在的重要意义，提升主人翁意识。缺乏相互信任，会导致相互猜忌，出现顾小忘大的情况，从而影响团队的战斗力。

《三国演义》中，周瑜之所以能够借蒋干之手成功除掉曹军的"水战专家"蔡瑁、张允，一个非常重要的原因就是曹操并不完全信任这两名荆州降将。虽然后来很快意识到中计，但为时已晚，自此，曹军不习水战这一短板再难补齐。

三、提升团队执行力的主要措施

1. 优化人员结构

通过内部培养、外部招聘等方式获得相关人才，补齐团队在技能方面的短板。根据团队成员的特长，合理分工，做到人尽其才。明确各个岗位的职责，充分利用考核、薪酬等机制激发团队成员的积极性。

2. 强化监督控制

团队及成员在执行计划的过程中难免会出现偏差，特别是在完成长期、复杂的任务时。出现偏差并不可怕，可怕的是偏差不能被及时发现并妥善处理。

监控的作用就在于全程关注计划的执行，时刻用既定的标准测量任务完成情况，只有这样才能及时发现偏差并采取措施予以处理。如果监控不力，小问题早晚拖成大问题，造成不可挽回的后果。

3. 执行没有借口

在工作中，我们经常会听到这样或那样的借口，如"路上塞车""身体不舒服""家里有点事"等。找借口是工作中的恶习，是一个人逃避应尽责任的表现。它不仅会给工作业绩大打折扣，还会给团队和社会带来不可想象的损害。一次找借口不可怕，可怕的是长期找借口，将逃避和推诿变成习惯，最后，借口成了自欺欺人的手段，成为阻碍个人成长和团队发展的沉重枷锁。

4. 善于驾驭细节

"天下大事，必作于细"，注重细节，是提倡科学精神和认真态度的表现。细微之处见精神，一个人如此，一个团队也是一样。团队的执行力很大程度上可从如何处理细节上表现出来。工作无小事，无论是集体还是个人，要想追求卓越，就必须从小事做起。

团队要提升执行力，也必须重视对细节的监督与控制。团队成员在执行计划的过程中如果时刻关注细节，则更容易发现偏差、识别机会。

5. 增进相互信任

凝心聚力是提升团队执行力的重要手段，相互信任是构建团队凝聚力的必备条件。在相互信任的团队氛围内，成员的责任感会被进一步激发，从而树立必胜的信念，克服工作中的困难。

小结与思考

执行力强往往能使团队在竞争中获得优势，优秀的团队必须时刻关注自己的执行力，增强责任心，及时发现并处理问题，持续提升团队竞争力。

谈谈你了解的成功企业是如何保持高执行力的。

第二节 增强责任心

责任是指一个人或者组织分内应做的事情，也就是承担应当承担的任务，完成应当完成的使命，做好应当做好的工作。

根据来源，责任可以划分为两个层次。

一是个人或者组织因在社会、家庭、工作等环境中担当某种角色而必须做好的事情，即某种

团队执行力

角色应尽之义务，如工作职责、家庭责任、社会责任等。

二是因为角色义务未履行到位而不得不承担的不利后果或强制性工作。比如工作中因个人失误给组织带来了损失，就必须承担相应后果。

┌─────────────── 知行合一 ───────────────┐

重负的由来

有位中年人觉得自己的日子过得非常沉重，生活压力太大，想要寻求解脱的方法，因此去向一位禅师求教。禅师给了他一个篓子要他背在肩上，指着前方一条坎坷的道路说："每当你向前走一步，就弯下腰来捡一颗石子放到篓子里，然后看看会有什么感受。"

中年人就照着禅师的指示去做，他背上的篓子装满石头后，禅师问他这一路走来有什么感受。他回答说，"感到越走越沉重。"禅师于是说："每一个人来到这个世上时，都背负着一个空篓子。我们每往前走一步就会从这个世界上捡一样东西放进去，因此才会有越来越累的感觉。"中年人又问："那么有什么方法可以减轻人生的重负呢？"禅师反问他说："你是否愿意将名声、财富、家庭、事业、朋友拿出来舍弃呢？"那人答不上来。禅师又说："每个人的篓子里所装的，都是自己从这个世上寻求来的东西，一旦拥有它，就对它负有责任。"

分析：在每种社会关系中，人都会扮演一定的角色，而这些角色会给人带来相应的责任、义务，有的是法律上的，有的是道义上的。尽到相应责任是处理好各种社会关系的前提，能帮助个人更好地生存和发展。

└──────────────────────────────────────┘

一、团队责任与责任心

1. 团队责任

作为独立行使权利、履行义务的单位，团队也有其必须担负的责任。团队责任的具体表现主要有以下几个方面。

对于团队自身，团队有责任出色地完成各种工作任务，提升工作效率，攻克工作中的难题，增强自身的竞争力，不断发展壮大。

对于团队的内部成员，团队有责任营造相互尊重、团结向上的积极氛围，尽可能地为团队成员的生存与发展提供帮助。

对于客户等利益相关方，团队有责任提供优质的产品或服务，满足相关需求，实现共同进步。

对于社会，团队有责任让自己的成员都成为遵纪守法的社会公民，团队整体也要热心公益，奉献爱心，维护和谐的社会氛围。

2. 团队成员责任

作为团队成员，要对自己负责，不断提升自己的能力与修养，保持积极的生活、工作状态；要对团队负责，尽心尽力，尽职尽责；要对社会负责，明礼诚信，爱国守法。

个体要在竞争激烈的职场中有良好的发展，必须具备对团队负责的意识与能力。既然选择了某个岗位，就必须接受它的全部，包括可能出现的危险。

服从命令是个人对团队负责的具体体现，个人应尽自己最大的努力做好工作，切忌找各种借口来为自己开脱。

3. 责任心

责任心，也称责任感或责任意识，是个人对自己和他人、对家庭和集体、对国家和社会所负责任的认识、情感和信念，以及与之相应的遵守规范、承担责任和履行义务的自觉态度。

责任心是衡量一个人精神素质的重要指标，也是成就事业的可靠途径。在工作团队中，责任心强的成员一般具备以下特征。

（1）为完成工作任务，自觉付出额外的时间或精力，自愿做一些本不属于自己职责范围内的工作。

（2）对工作始终保持高度热情，特别是在面对困难时，不气馁、不放弃，而是想方设法克服困难。

（3）喜欢与人合作，乐于帮助别人，能与团队其他成员进行高效的沟通，维护良好的团队合作氛围。

（4）对团队的目标高度认可，以团队利益为重，严格遵守团队制度规定，按程序办事。

 初心不忘

"最美司机"吴斌

2012年5月29日中午，吴斌驾驶客车从无锡返回杭州，车上载有24名乘客。11时40分左右，客车行驶至锡宜高速公路宜兴方向阳山路段时，突然一铁块从对向车道迎面飞来，击碎挡风玻璃之后，砸向吴斌的腹部和手臂。

监控画面记录下了当时突发的一幕，时间共1分16秒：被击中的一瞬间，吴斌本能地用右手捂了一下腹部，看上去很痛苦，但他没有紧急刹车或猛打方向盘，而是紧紧握住方向盘，缓缓踩下刹车，稳稳地停下车，拉好手刹，打起双闪灯，完成了一系列安全停车动作。最后，他解开安全带，挣扎着站起来，回头对受到惊吓的乘客说："别乱跑，注意安全。"然后打开车门，安全疏散乘客。耗尽了最后一丝力气的吴斌，倒在了座位上。

20分钟后，急救人员到达现场。参与抢救的医生发现，这块从天而降的铁块，在击碎挡风玻璃后直接刺入了吴斌的腹部，导致其整个肝脏破裂、多根肋骨折断。"面对突如其来的致命打击，在那么痛苦的情况下，吴斌还坚持把车停好，值得敬佩。"

在生命的最后时刻，他没有把宝贵的第一时间留给自己打"120"，而是留给了车上的24名乘客；在生命的最后时刻，他用顽强的意志和崇高的职业精神，确保车上的24名乘客安然无恙。

十年来，吴斌安全行车超过100万千米，可以绕地球30多圈，载送旅客13万余人次，没有一次车辆抛锚，没有一起交通事故，没有一次违章记录，没有一起乘客投诉。

客运是承载生命的事业，吴斌虽然是一名普通驾驶员，但他始终认为，把每天平凡的工作做好，就是不平凡。

分析：对本职工作极强的责任心，使得吴斌在平时十分重视专业技能和职业修养的提升，在身受致命伤的情况下，也自觉坚守保障乘客生命安全的原则，从而做出这样的英勇行为。有了责任心，再危险的工作也能减少风险；没有责任心，再安全的岗位也会出现险情。责任心强，再大的困难也可以克服；责任心弱，很小的问题也可能酿成大祸。

团队执行力

二、增强责任心的主要途径

责任心与执行力相互联系、相辅相成。增强责任心是提高执行力的基础和前提，没有责任心，执行力便无从谈起，执行力是责任心的体现和最终落脚点。一般情况下，责任心的强弱与工作效率的高低之间存在正相关的关系，因此，要成为一个真正的高效团队，提升成员的责任意识是必需的。增强责任心，主要有以下三个途径。

1. 树立主动工作的意识

有责任心的首要表现是积极主动地工作。工作积极主动的人往往具有不断探索新办法来解决问题的职业精神。

（1）积极的态度是主动工作的前提

一个人的态度直接决定了他的行为，决定了他对待工作是尽心尽力还是敷衍了事，是安于现状还是积极进取。积极的工作态度源自高度责任感和敬业精神。责任感不应该是外界强加的，而应该是内在的自我需求。它是一个人所拥有的强大、宝贵的个性特征。

积极的态度意味着向上进取、乐观、富有创造性。它能让我们把目光聚焦到那些通常被忽略的优良品质上，让我们在一片沉闷之中寻得振奋人心之处，让我们知道如何将美好的事物变得更加美好。

与积极态度相反，消极的人往往只是考虑自己如何不幸而看不到阳光，往往会因错过了某个机会而不停地悔恨，往往因害怕负面效果出现而迟迟不敢将自己的想法付诸实施。长此以往，势必导致人际关系恶化，创造力受损，甚至对身心健康造成损害。

知行合一

差别

小李和小张同时受雇于一家店铺，拿着同样的薪水。可一段时间以后，小李的薪水提高了，而小张却仍在原地踏步。

小张到老板那儿发牢骚。老板一边耐心地听着他的抱怨，一边在心里盘算着怎样向他解释清楚他和小李之间的差别。

"小张，"老板说话了，"你去集市一趟，看看今天早上有什么卖的东西。"小张从集市上回来向老板汇报说，今早集市上只有一个农民拉了一车土豆卖。

"有多少？"老板问。

小张赶快又跑到集市上，然后回来告诉老板说一共有40袋土豆。

"价格是多少？"小张第三次跑到集市上问来了价格。

"好吧，"老板对他说，"现在请你坐在椅子上别说话，看看别人是怎么做的。"

小李很快就从集市上回来了，向老板汇报说，到现在为止，只有一个农民在卖土豆，一共40袋，价格是××。土豆质量很不错，他还带回来了一个让老板看看。这个农民一个钟头以后还会运来几箱西红柿，据他看价格非常公道。昨天他们店铺的西红柿卖得很快，库存已经不多了。他想这么便宜的西红柿老板肯定要进一些，所以他不仅带回了一个西红柿做样品，而且把那个农民也带来了，他现在正在外面等消息呢。

此时，老板转向小张，说："现在你知道为什么小李的薪水比你高了吗？"

分析：团队不仅需要具有专业技术知识的人才，更需要那些工作积极主动、精益求精的人。一个合格的职业人不应是被动地等待上司安排工作，而是应该主动去思考岗位需要自己做什么，然后努力地去完成。

积极的态度在工作中的具体表现就是比别人多干一点，比别人多发现一点，比别人多钻研一点，比别人多有心一点，比别人少斤斤计较一点，这些看似平常的"一点"，恰好是优秀人才的必备素质。

（2）树立主动工作意识的具体方法

① 保持严谨的态度。严谨的工作态度是对自己、对工作、对组织负责的重要表现，它能让员工将工作做得更完美、更细致。工作中要坚决杜绝"基本上、差不多、应该是"等想法和言语出现。

② 践行主人翁精神。组织是大家的家，每个人都是大家庭链条中不可分割的一环，因此在工作中要相互帮助、互相配合，不能以"这不是我的工作""他请假了，我不清楚"等理由推脱，耽误整体的工作进度。

③ 摒弃不良的作风。要有紧迫感，工作中要时刻督促自己，用最短的时间去最有效地完成工作，不要抱有"多干多错、少干少错、不干不错""不求无功，但求无过"等错误思想。

④ 在工作中寻找乐趣。在长期的工作中难免会出现焦虑、厌烦等负面情绪，使工作变得难以进行。工作中也会有一些自己喜欢做的，我们可以将其扩大化，乐在其中，这时你会发现工作如此轻松、愉悦，而在正能量的影响下，其他工作的效率也会大大提高。

2. 养成立即行动的习惯

主动工作的意识需要转化成固定的思想和行为模式，即成为一种习惯，才能不断地为个人和组织的成长提供动力。对工作负责光有想法是不够的，还需要具体的行动。有了想法立即付诸实施是高效完成任务的必要条件。

在《世界上最伟大的推销员》中有这样一段文字："我的幻想毫无价值，我的计划渺如尘埃，我的目标不可能达到。一切的一切毫无意义，除非我们现在就付诸行动。立刻行动！"以下方法能帮助我们培养立即行动的习惯。

（1）不要等到"条件都成熟了"才开始行动

现实中没有完美的开始时间。你必须在问题出现的时候就行动起来并把它们处理好。开始行动的最佳时间就是现在。

（2）做一个实干家，不要只是空想

一个没被付诸行动的想法在脑子里停留得越久就越会被淡忘，几星期后，也许我们就会把它全部忘掉。

（3）想法本身不能带来成功

想法只有在被执行后才有价值。如果你有一个觉得真的很不错的想法，那就为它做点什么吧。不行动，想法永远不会实现。

（4）用行动来克服恐惧和担心

行动是治疗恐惧的最佳方法。万事开头难，一旦行动起来，你就会建立起自信，事情也会变得简单。

3. 培育善始善终的能力

如果说主动工作、勇于承担是责任感的体现，那么善始善终、保持一贯的热情与专注，则是责任力的表现。成功就是要在行动中尝试、改变、再尝试……直至成功。

在实现目标的过程中，会遇到很多困难和阻碍，想要始终不偏离方向，不被困难击倒，最终到达成功的彼岸，需要加强以下品质的修炼。

（1）毅力

毅力是一种坚忍不拔的精神，它是成功必不可少的条件。不要因为一时的失败而动摇信心甚至放弃目标。毅力不佳的犹豫沮丧者，不会得到别人的信赖，更不能成就什么大事。学会自我激励，在前进中遇到麻烦或障碍时及时去面对它、解决它，这对增强你的毅力很有帮助。

（2）意志

意志是人自觉地确定目的，并支配行动，克服困难，实现目的的心理过程。意志具体体现在两个方面：一是对疲惫、疼痛、呼吸困难、神经紧张等感性刺激的克制和兴奋能力，二是克服迷惑、压力、情绪波动、失去信仰等精神方面的困难或障碍的能力。

意志是人类主观能动性的集中表现，它一般与困难直接联系。越是长期复杂的任务，面临的困难就越多，而坚定的信念、必胜的决心等精神力量是意志力的可靠来源。

 初心不忘

英雄邱少云的故事

1952年10月，邱少云所在连队收到了一项艰巨的任务，在我军正式发起攻击之前，他们要在敌人阵地的前沿潜伏一天。

出发以前，首长指示："提高纪律性，坚决执行命令，是我军的光荣传统。这次任务十分重要，也非常艰巨，在任何情况下都不能暴露目标。"邱少云和战友们坚定地回答："坚决完成任务！"

深夜，邱少云等五百多名志愿军战士潜入一片草地里。两个小时后，几架敌机开始在他们上空盘旋。忽然，敌机投下了燃烧弹，有一颗落在离邱少云两米远的草地上，飞溅的燃烧液溅到邱少云身上，插在他脚上的草烧着了，火苗腾腾地冒起来。此刻，邱少云只要翻动一下身子，就可以把火苗扑灭，但为了不暴露目标，邱少云依然纹丝不动，一会儿，烈火就蔓延到了全身。

在邱少云的后边，有一条小水沟，此时只要他后退几步，还是可以把火扑灭的。但为了革命胜利，他咬紧牙关，顽强地忍受着烈火烧身的剧烈疼痛，把手深深地插入泥土，直至最后牺牲他都没有发出任何声音。

黄昏时，我军发起总攻，仅二十分钟，敌军被全歼。凯歌声中，指战员们久久注视着英雄牺牲的地方。那红色的腾腾烈火中，闪现着英雄的伟岸形象。

团队执行力

分析：信念是强大的精神力量，坚定的信念往往带来惊人的意志力，帮助人们振奋精神、克服困难，甚至生命受到威胁时，也不轻言放弃。坚定的信念让邱少云同志在面对生命危险时仍能保持高度的组织纪律性，那种坚忍顽强的革命意志，那种高度的自我牺牲精神，永远是我们学习的榜样。革命烈士永垂不朽！人民有信仰，民族有希望；员工意志强，组织常兴旺。

│——————————— 小结与思考 ———————————│

强责任心可以提升执行力，最大限度地避免意外情况的发生，也能使团队在竞争中获得优势，是高效团队的共同特征。

谈谈你了解的成功企业是如何提升成员责任心的。

实操训练

任务一：团队执行力

实训活动： 团结就是胜利。

实训目的： 培养团队凝聚力与快速执行力。

实训道具： 无。

实训过程：

1. 教师将全班同学按10人一组分成若干小组，每个小组成员代表一个钱数，5角或1元。

2. 教师随机喊出一个钱数，同学们要在最短时间内凑够教师喊出的钱数。

3. 最快组成正确钱数的小组获得胜利，最后一名被罚表演节目。

实训反思：

1. 你们在游戏过程中是否表现出了足够的执行力？

2. 你认为自己和团队还有哪些方面需要改进？

3. 谈谈你对团队执行力的认识。

任务二：团队责任心

实训活动： 珠行万里。

实训目的： 通过游戏感受团队责任心的重要性。

实训道具： 乒乓球、球槽。

实训过程：

1. 教师将全班同学分为人数相等的几支队伍。

2. 每个团队的每个队员手拿一个半圆形的球槽，将乒乓球连续传动（滚动）到下一个队员的球槽中，并迅速地排到队伍的末端，继续传送前方队员传来的乒乓球，直到球安全到达指定的目的地为止。

3. 如果球在中途落地，要回到起点重新开始。

4. 用时最短的队伍获得胜利。

实训反思：

1. 在游戏中，你个人的责任有哪些？

2. 你认为自己和团队还有哪些方面需要改进？

3. 谈谈你对团队责任心的认识。

学习检测

一、单选题

1. 个人执行力就是（　　），即能否在规定的时间内保质保量地完成任务。

　　A. 预测能力　　　　　B. 计划能力　　　　　C. 沟通能力　　　　　D. 办事能力

2. 对团队来说，执行力就是（　　），优秀的团队在接到上级的指令或要求后，都能迅速做出反应，将其贯彻执行下去。

　　A. 战斗力　　　　　B. 应变能力　　　　　C. 经营能力　　　　　D. 合作能力

3. 对于团队成员个人而言，找准在团队中的位置十分关键。准确定位最大的作用在于（　　）。

　　A. 让团队成员获得更多的报酬

　　B. 让团队成员拥有充分发挥才能的平台，激发个人的工作热情

　　C. 让团队成员晋升得更快

　　D. 使团队成员个人掌握更多的资源

4. 团队成员有责任心的表现不包括（　　）。

　　A. 不断提升自己的能力与修养　　　　　B. 对工作尽心尽力，尽职尽责

　　C. 个人及家庭利益至上　　　　　D. 明礼诚信，爱国守法

5. 团队成员自觉地确定目的，并支配行动，克服困难，实现目标的心理过程是指（　　）。

　　A. 理想　　　　　B. 责任　　　　　C. 天赋　　　　　D. 意志

6.（　　）是主动工作的前提。

　　A. 高超的技能　　　B. 积极的态度　　　C. 优越的环境　　　D. 丰厚的报酬

7. 下列说法中错误的是（　　）。

　　A. 工作就意味着责任，没有不需要承担责任的工作。

　　B. 一般情况下，责任心的强弱与工作效率的高低之间存在正相关的关系。

　　C. 只要计划足够详细，执行中就不会出现偏差。

　　D. 权责明晰是对团队成员进行全面考核的基础。

二、多选题

1. 团队执行力的影响因素主要包括（　　）。

　　A. 人员与定位　　　　　B. 工具与资源

　　C. 制度与流程　　　　　D. 心态与信念

2. 团队执行力不高的主要原因包括（　　）。

　　A. 能力不到位　　　　　　　　　　B. 分工合理

　　C. 沟通不顺畅　　　　　　　　　　D. 信任不充分

3. 团队在执行任务的过程中必须与（　　）等外部群体处理好关系。

　　A. 顾客　　　　　　　　　　　　　B. 公众

　　C. 成员　　　　　　　　　　　　　D. 政府部门

4.（　　）的方法对提升团队的执行力有帮助（　　）。

　　A. 优化人员结构　　　　　　　　　B. 强化监督执行

　　C. 善于寻找借口　　　　　　　　　D. 增进相互信任

5. 团队责任的具体表现在于（　　）。

　　A. 出色地完成各种工作任务，提升工作效率，攻克工作中的难题，增强自身的竞争力，不断发展壮大。

　　B. 让自己的成员都成为遵纪守法的社会公民，团队整体也要热心公益，奉献爱心，维护和谐的社会氛围。

　　C. 提供优质的产品或服务，满足相关需求，实现共同进步。

　　D. 营造相互尊重、团结向上的积极氛围，尽可能地为团队成员的生存与发展提供帮助。

三、简答题

1. 请简要阐述团队执行力的影响因素有哪些。

2. 在企业实践中，可以通过哪些方法来提升团队执行力？

3. 企业可以通过哪些方法来增强团队责任心？

四、思考题

忙碌的农夫

　　有一个农夫一早起来，告诉妻子说要去耕田，当他走到田里时，却发现拖拉机没有油了；原本打算立刻去加油，突然想到家里的三四只猪还没有喂，于是转回家去；经过仓库时，望见旁边有几个土豆，他想起田里的土豆可能正在发芽，于是又走到种土豆的田里去；途中经过木材堆，又记起家中需要一些柴火；正当要去取柴的时候，看见一只生病的鸡躺在地上……这样来来回回跑了几趟，这个农夫从早上一直到太阳落山，油也没加，猪也没喂，田也没耕……很显然，最后他什么事都没有做成。

1. 农夫看似非常忙碌，但为什么什么事都没有做成？

2. 工作和生活中，我们也经常忙忙碌碌，如何保证自己能够高效完成所有工作呢？

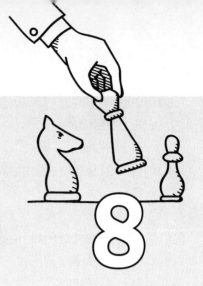

第八章
团队冲突

学习目标

【知识目标】

- 能说出团队冲突的内涵和表现。
- 能说出团队冲突的类型和不同类型冲突的区别。
- 能说出团队冲突产生的原因和解决冲突的策略。
- 能说出团队目标的特征。
- 能说出团队意识的特征和培养团队意识的策略。
- 能说出团队赋能的策略。

【能力目标】

- 能够在实际情景中，解决团队冲突。
- 能够在实际情景中增强团队的意识。
- 能够在团队中找准产生冲突的焦点问题。
- 能够处理跟团队中其他成员之间的关系。

【素养目标】

- 正确对待团队冲突，培养和谐的工作氛围，提升团队凝聚力。
- 换位思考，互相尊重，提升化解团队冲突的能力。

知识梳理

第一节　团队冲突及表现

为了使群体有效地完成组织目标和满足个人需要，必须建立群体成员和群体之间的良好、和谐关系，即彼此间应互相支持，行动应协调一致。但是，现实的情况是，个体间存在着各种差异，群体间有不同的任务和规范，对同一个问题就会有不同的理解和处理，于是就会产生不一致，或是不能相容。也就是说，冲突在组织或群体内是客观存在的。

因此，冲突可以定义为：个人或群体内部、个人与个人之间、个人与群体之间、群体与群体之间互不相容的目标、认识或感情，并引起对立或不一致的相互作用的任何一个状态。

一般来说，冲突具有以下来源。

1. 沟通差异

冲突来自语意上的难懂、误解，以及沟通媒体上的噪声干扰。

2. 结构差异

冲突来自组织结构本身的设计不科学造成的整合的困难。

3. 个人差异

冲突来自价值系统与人格特征的不同。

团队冲突

一、团队冲突的定义

团队冲突是指两个或两个以上的团队在目标、利益、认识等方面互不相容或互相排斥，从而产生心理或行为上的矛盾，导致抵触、争执或攻击事件。

20世纪40年代之前的传统观点认为，所有冲突都是不良的、消极的，是破坏性的，必须避免或尽量减少。因为冲突意味着意见分歧和对抗，势必造成组织、团队、个体之间的不和，破坏良好关系，影响团队目标和组织目标的实现。20世纪40年代末到70年代中期，人际关系观点在冲突理论中非常流行。该观点认为，对于所有团队与组织来说，冲突都是与生俱来、无法避免的，因此，我们应该接纳冲突，发挥其对团队和组织的有益之处。20世纪70年代末至今，冲突的互动观点成为主流观点。该观点指出，过于融洽、和谐、安宁和合作的组织容易对变革表现出静止、冷漠和迟钝，因此可能使组织缺乏生机和活力，适当的冲突反而有利于组织的健康发展。鲶鱼效应非常直观地显示了适当的冲突可能带来的积极效果。

> **知行合一**
>
> ### 鲶鱼效应
>
> 挪威人爱吃沙丁鱼，尤其是活鱼，挪威人在海上捕得沙丁鱼后，如果能让沙丁鱼活着抵港，其卖价就会比死鱼高好几倍。但是，由于沙丁鱼生性懒惰，不爱运动，返航的路途又很长，因此捕捞到的沙丁鱼往往还未回到港口就死了，即使有些活的，也是奄奄一息。只有一位渔民的

侧栏：团队冲突

沙丁鱼总是活的，所以他赚的钱也比别人多。该渔民严守成功的秘密，直到他死后，人们打开他的鱼槽，才发现只不过是多了一条鲶鱼。原来鲶鱼以鱼为主要食物，被装入鱼槽后，由于环境陌生，就会四处游动，而沙丁鱼发现这一异己分子后，也会紧张起来，加速游动，如此一来，沙丁鱼便活着回到港口。这就是所谓的鲶鱼效应。

运用这一效应，通过个体的中途介入，对群体起到刺激作用，符合人才管理的运行机制。

团队管理也是如此。无论是传统型团队还是自我管理型团队，时间久了，其内部成员由于互相熟悉，就会缺乏活力与新鲜感，从而产生惰性。尤其是一些老成员，工作时间长了就容易厌倦、懒惰、倚老卖老，因此有必要找些外来的"鲶鱼"加入团队，制造一些紧张气氛。从马斯洛的需求层次理论来说，个体到了一定的境界，其努力工作就不再仅仅是为了物质，而更多的是为了尊严，为了自我实现的内心满足。所以，当把"鲶鱼"放到一个老团队里面的时候，那些已经变得有点懒散的老成员迫于对自己能力的证明和对尊严的追求，不得不再次努力工作，以免新来的成员在业绩上超过自己。

而对于那些在能力上刚刚能满足团队要求的成员来说，"鲶鱼"的进入，将使他们面对更大的压力，稍有不慎，他们就有可能被清出团队。为了继续留在团队里面，他们也不得不比其他人更用功、更努力。

二、团队冲突的类型

1. 个体心理冲突、人际冲突和团队间的冲突

根据冲突的社会性程度分类，团队冲突可以划分为个体心理冲突、人际冲突和团队间的冲突三种。

团队冲突的
表现

（1）个体心理冲突是个体心理中两种不相容的或互相排斥的动机形成的冲突。

（2）人际冲突是团队内个体与个体的冲突。产生人际冲突的原因主要有信息原因、认识原因、价值原因、利益原因、个性与品德原因。

（3）团队间的冲突是在组织内，团队与团队间的认知冲突、目标冲突、行为冲突及情感冲突等。其形成的主要原因有组织原因、竞争原因、工作性质特点的原因和团队素质的原因。

2. 建设性冲突和破坏性冲突

根据冲突的性质分类，团队冲突可以划分为建设性冲突和破坏性冲突。

（1）建设性冲突是在目标一致的基础上，由于看法、方法不一致而产生的冲突，它的发生和结果，对团队具有积极意义。

建设性冲突的特点主要有：

① 冲突双方对实现共同的目标都十分关心；

② 彼此乐意了解对方的观点、意见；

③ 大家以争论问题为中心；

④ 互相交换情况不断增加。

建设性冲突对团队的作用是：

① 可以促使团队或小组内部发现存在的问题，采取措施及时纠正；

② 可以促进团队内部与小组间公平竞争，提高组织效率；

③ 可防止思想僵化，提高团队和小组决策质量；

④ 可激发团队内员工的创造力，使团队适应不断变化的外界环境。

（2）破坏性冲突是由于目标不一致，各自为了自己或小团队的利益，采取错误的态度与方法发生的冲突。这类冲突大多是对人不对事的，冲突激化时会发生人身攻击，对组织会造成不良后果。

破坏性冲突的特点主要有：

① 双方对赢得己方观点的胜利十分关心；

② 不愿听取对方的观点、意见；

③ 由问题的争论转为人身攻击；

④ 互相交换情况不断减少，以致完全停止。

一般来说，组织内部的团队之间需要适当的建设性冲突，破坏性冲突则应该尽量避免。

三、冲突的发展阶段

1. 潜在对立或不一致阶段

潜在对立或不一致是因为团队中发生交互关系和互动过程的不同主体彼此之间存在能够引发冲突的一些必要条件。这些条件虽然不一定直接导致冲突，但往往成为冲突产生的导火索。

才到新公司工作几个月的小王就遇到了这样的问题。他在出色完成了团队的任务后，本以为主管会对自己进行表扬，可是主管老张却说："小王，你的工作方法是不是还有待改进？虽然你按时完成了任务，但是工作进度还是比其他部门慢。"小王听后很不高兴。其实，老张本想鼓励小王继续工作，没想到由于自己的表达不当，导致了他们之间的冲突。而"表达不当"的问题不仅仅是语言问题，还有其潜在原因。引起团队冲突的潜在因素可以分为以下三类。

第一类是个体间的差异因素。

每个个体都有独特的个性特点和行为习惯，世界上没有完全相同的两个人。在团队中，成员之间的不同差异会导致各种各样的冲突。主要包括以下几个方面的差异。

（1）年龄差异

不同年龄的个体由于社会经历和社会知识的差异，出现了不同的定性反应，致使双方难以相互理解，因而酿成冲突。有些年轻人总感到年纪大的人思想保守、顽固，不接受新事物。而年纪大的人往往认为年轻人浮躁、自傲。这些偏见是成员之间产生冲突的潜在因素。

（2）职位差异

在一个团队中，各个不同职位的个体应当认真做好自己的岗位工作，尤其是领导团队。如果本位思想严重，就会影响团体士气而导致冲突。例如，如果企业经理强调自己处于组织行政指挥的"中心地位"，董事长则强调自己处于"核心地位"，他们遇事不是协同商量，而是互相争权、拆台，争吵不休，就会产生冲突。

（3）思维差异

由于人们在知识、经验、态度、观点等方面存在差异，往往对同一事物有不同的认识，由此会产生一定的冲突。例如，在改革的方式上、用人的观念上、团队目标的设想上等方面，往往都会存在差异以致产生矛盾和冲突。

前例中的老张和小王在年龄（包含工作资历）、职位以及思维方式上，都存在着一定的差异，当上述差异体现在工作任务和评价上时，就很可能会发生冲突。

第二类是团队的结构因素。主要包括以下几方面。

（1）团队成员的构成

如果团队由具有不同利益或者不同价值观、不同人际风格的成员组成，成员们对团队的认识肯定会不一致。同时，随着团队的发展，团队成员可能会改变，当一个新成员加入团队时，团队的稳定性被破坏，就可能引起冲突。

（2）团队的规模

团队规模越大，任务越专业化，团队成员的分工就越细致，越有明确的工作范围和界限。如果其他成员对某成员的工作范围有所涉及或进行干预，那么发生冲突的可能性就会加大。

（3）任职的时间和冲突成反比

团队成员越年轻，在团队工作的时间越短，发生冲突的可能性越大。

第三类是沟通不良的因素。

沟通不良是引起团队冲突的重要因素。团队成员之间彼此存在差异，如果能够顺利进行交流、相互理解，那么发生冲突的可能性就会大大减少。相反，如果沟通渠道不顺畅，沟通活动缺乏，就会出现冲突。

例如，某企业聘请了一位营销总监，而其下级营销员们私下对这位总监多有抱怨："孙总监和过去的总监不一样，总是变幻无常，很难沟通和交流。上一任总监可不是这样的！"而这种抱怨并没有被新来的孙总监所了解，这就会成为发生冲突的潜在因素。

团队沟通不良可能引起团队成员之间冲突的问题经常表现在以下几个方面：信息的差异、评价指标（如任务完成标准）的差异、倾听技巧的缺乏、语言理解的困难、沟通过程中的噪声（即干扰）以及团队成员之间的误解等。

2. 认知和个性化阶段

冲突的认知是当潜在的对立和不一致出现后，双方意识到冲突的出现。也就是说，在这一阶段客观存在的对立或不一致将被冲突的主体意识到，冲突的主体产生相应的知觉，开始推测和辨别是否会有冲突以及是什么类型的冲突。

意识到冲突并不代表着冲突已经个性化。对冲突的个性化处理将决定冲突的性质，因为此时个人的情感已经介入其中。双方面临冲突时会有不同的心理反应，他们对冲突性质的界定在很大程度上影响着解决冲突的方法。例如，团队决定给某位成员加薪，这在其他成员看来，一些人可能认为与自己无关，从而淡化问题，这时冲突不会发生；而另外一些人可能会认为对别人的加薪就意味着自己工资的下降，这样就会使得冲突发生甚至升级。

3. 行为意向阶段

冲突的第三个阶段是行为意向阶段，这一阶段的特点体现在团队成员意识到冲突后，要根据冲突的定义和自己对冲突的认识与辨别，开始酝酿和确定自己在冲突中的行为策略和各种可能的冲突处理方式。行为意向的可能性包括以下几种。

（1）回避

回避是一种团队成员不相互合作处理冲突的消极行为意向。这种行为意向表现在对冲突采取的既不合作，也不维护自身权益，使其不了了之的做法上。此方法适用于解决琐碎小事引起的、与团队目标关联不大的团队冲突。采取回避的办法可以维持暂时的平衡，但不能最终解决问题。

（2）合作

合作是一种团队成员自我肯定并相互合作处理冲突的积极行为意向。这种行为意向旨在通过与对方一起寻求解决问题的方法，进行互惠互利的双赢谈判来解决冲突。此方法适用于解决成员之间共同利益较多和具有理解沟通基础的团队冲突。

（3）妥协

妥协是一种团队成员的相互合作程度与自我肯定程度均处于中等水平的处理冲突的行为意向。妥协可以看作半积极的行为意向。具有这种行为意向的双方都放弃一些应得的利益，以求事物的继续发展，双方也共同承担后果。妥协在一定程度上类似于合作。团队在为处理复杂问题而寻求一个暂时的解决方案时常常用到这种方法。

（4）竞争

竞争是一种团队成员自我肯定但不相互合作处理冲突的行为意向。这种行为意向旨在寻求自我利益的满足，而不考虑他人，它在团队中具有一定的对抗性。当团队需要在做出快速、重大的决策后采取重要但不受欢迎的行动时往往会用到这种方法。

知行合一

竞争和合作的区分

有一句老话，"教会徒弟，饿死师傅"，这里边就包含着竞争与合作两重关系，教会徒弟需要两人合作，师傅"饿死"是因为竞争。但这句话里有个前提，师徒俩所在的行业不足以容纳师徒或更多的人，同时师傅的技能停留在原有的水平，而这在当下几乎是不存在的，市场可以不断地被挖掘出来，师傅的技能也必须不停地升级。

竞争，是团体内的人与人或团体与团体之间，为了达到一定的目标而努力，为了争取某些利益而努力超越对方的行为，是一个争输赢的过程。竞争的好处在于它能激发竞争者的潜在能力，使其发挥出超乎平时的能力水平，提升个体综合能力。

合作，是团体内的人和人或团体与团体之间，为了共同的目标，聚合大家的力量一起完成工作，最终让合作者们共同分享利益的过程。合作的目的是让分散的力量集中起来，完成单个个体无法完成的事。

竞争与合作也有各自的缺点：竞争从自我出发，加大内部压力，扰乱外部环境；合作则容易滋长依赖心理，淡化责任意识，缺少创新动力。

个体的能力再强大也有边界，不足的地方就需要他人的弥补，这就有了合作存在的基础；竞争能让个体变得更强大，更强大的个体可以让合作产出更好的结果。竞争与合作是一种不可分割、对立统一、相互联系的关系。

团队冲突

在当今社会，竞争能使人提高热情，激发潜能，也能让人焦虑不安和产生敌意。竞争有三种结果：双输，输赢，双赢。双赢才是整体各方利益最大化的结果。在竞争中加入合作，争取竞争中获取各方的力量，达到双赢或多赢。合作能让人比较容易体验到成功，获取利益，同时也会出现依赖和惰性，不思进取。在合作内引入竞争，防止有合作方坐享其成，导致双输局面。团队中的竞争与合作，要看具体事件是否适合单个成员去做。任务比较简单，单个成员可以单独完成的事，要让竞争最大化，以发挥出单个成员的最高水平。任务比较复杂，单个成员无法完成全部工作时，要合作去完成，形成团体的能力优于个体的协同效应。成员的向心力、归属感比较强，有明确的目标时，适用合作的工作方式，能较好地发挥合作的效用；当成员有自己的定位，整体目标又不太明确，需要个体自由发挥创造力时，适用竞争去激发单兵作战时灵活反应的特性。

结论：团队间的竞争与合作，特别是在集团公司内生产同类产品的团队之间，竞争和合作的成果都非常明显。竞争可以激发动力，增强各个团队的活力，使各团队改善经营管理，努力降低成本，提高产品质量；合作则能将各团队的优秀创新创意很快普及，使各团队相互学习，取长补短，形成合力，不用孤军奋战。

（5）迁就

迁就是一种团队成员自我不肯定并相互合作处理冲突的行为意向。这种行为意向旨在维持整体的友好共存关系，冲突一方做出让步，甚至愿意自我牺牲，以服从他人的观点。此方法适用于将团队工作的重点放在营造和谐、平静氛围条件下的冲突的解决。

4. 冲突出现阶段

冲突出现阶段是冲突公开表现的阶段，也称行为阶段。进入此阶段后，不同团队冲突的主体在自己冲突行为意向的引导或影响下，正式做出一定的冲突行为来贯彻自己的意志，试图阻止或影响对方的目标实现，努力实现自己的愿望。其形式往往是一方提出要求，另一方进行争辩，是一个相互的、动态的过程。

这一阶段的行为体现在冲突双方进行的说明、活动和态度上。此时，冲突的行为往往带有刺激性和对立性，而且有时外显的行为会偏离原本的意图。

5. 冲突结果阶段

冲突对团队可能造成两种截然相反的结果。

（1）积极的结果

导致积极结果的冲突是建设性的冲突。这种冲突对实现团队目标是有帮助的，可以增强团队内部的凝聚力和团结性，提高决策质量，调动员工的积极性，提供问题公开解决的方法，等等，尤其是激发改革与创新。一般来说，每个人都有特定的工作模式，只有当别人向我们的效率发出挑战，并在某种程度上发生冲突时，人们才会考虑新的工作方法，开始积极地改革和创新，这就是冲突的积极结果。

此外研究表明，有益的冲突还有助于成员做出更好、更具创新性的决定，并提高团队的协作效率。如果团队的意见统一，绩效的提高程度有时反而较小。有时，建设性冲突还能决定一个公司的成败。

（2）消极的结果

导致消极结果的冲突是破坏性的冲突。这种冲突会给团队带来一些消极的影响，如凝聚力减弱、成员的努力偏离目标方向、组织资源的流向与预期相反、团队的资源被浪费等。更严重的是，如果不解决这种冲突，团队的功能将会彻底瘫痪，甚至威胁到团队的生存。

例如，一家公司倒闭，只是因为合伙人不能和睦相处。一位法律顾问在解释时说："这个公司的合伙人之间有着原则性的差异，是不能调和的。这家公司没有经济上的问题，问题在于他们之间彼此相互憎恨。"可见，消极冲突的危害多么严重。

小结与思考

本节讲述了团队冲突的内涵、类型和团队冲突的发展阶段。任何团队都存在冲突，应正确对待不同类型的团队冲突，分析产生冲突的原因。思考一下：所有团队冲突对团队发展都是不利的吗？

第二节 团队冲突的处理

团队的管理者往往会对冲突讳莫如深，他们会采取种种措施来避免团队中的冲突，而无论这种冲突是良性还是恶性的。团队冲突的处理是团队或个人为了使群体有效地完成团队目标和满足个体需要，建立群体成员和群体之间的良好、和谐关系而采取的所有积极的措施。

解决团队冲突的技巧

团
队
冲
突

知行合一

部门冲突的化解

俗话说"屋漏偏逢连夜雨"，身为某民营制药企业项目研发部经理的王林被接连的坏消息搅得焦头烂额：先是某项历时一年多的新药研制项目遭遇技术难关，只得中途搁浅；紧接着他又获知国内另一家知名药厂通过引进国外先进技术，已经成功研制同类新药，并通过了医药审批，即将生产上市。

两年前，王林被这家企业的老板以高薪从某省一家国有大型制药企业挖来，为了充分体现对他的信任，老板将项目研发部的管理权、人事权甚至财务权都一股脑儿交给了王林，并委派一名海归硕士李详协助其进行项目的研发。

在立项之前，王林和李详曾经各自提出过一套方案，并且都坚持不肯让步：李详主张在引进国外现有先进技术的基础上改进配方和生产工艺，这样不仅见效快且技术风险较小，但缺点是要支付一大笔技术转让费；而王林则主张自力更生，自主研发具有独立知识产权的全套生产技术，这样做的缺点是技术开发风险较大。

按公司规定，如果双方都坚持己见，那么就要将这两个方案拿到项目研发部全体会议上进行讨论，最后做出集体决策。以王林多年的国企管理经验，如果正副职在业务上产生分歧，当着下属的面各执一词激烈讨论，必然会不利于整个部门的团结，对领导的权威也是一大挑战。实际上，他也缺乏足够的信心说服李详和整个部门的同事，于是他找到企业老板，使出浑身解数甚至不惜以辞职相逼，最终迫使老板在方案提交之前将李详调离了该部门，从而避免了一场"激烈冲突"。

团队冲突的处理技术，就是有效削弱破坏性冲突，并使其向着建设性冲突转化的政策和措施。

一、消除破坏性冲突的技术

消除破坏性冲突的技术有以下几种。

1. 问题解决

问题解决的技术又称"正视法"，即发生团队冲突的双方直面冲突的原因和实质，通过坦诚地讨论来确定并解决冲突。在讨论过程中要注意沟通策略，不能针对人，只能针对事，因为这种技术以互相信任与真诚合作为基础。具体有以下做法。

（1）召开面对面的会议。以正式沟通的方式，列出导致团队冲突的主要分歧所在，不争胜负，只允许讨论消除分歧和妥善处理冲突的方法及措施。

（2）角色互换。成员信息、认识、价值观等主观因素的不一致，常常会引发冲突。鉴于此，团队成员之间可以设身处地为对方着想，从而相互理解并解决冲突。

2. 转移目标

转移目标的技术包括两个方面：一个是将目标转移到外部，冲突双方可以寻找另一个共同的外部竞争者或一个能将冲突双方的注意力转向外部的目标，来缓解团队内部的冲突；另一个是目标升级，通过提出使双方获益更大的，并且是高一级的目标，来减少双方现实的利益冲突，这一更高的目标往往由上一级提出。

在团队中转移目标和目标升级的过程可以使冲突双方暂时忽略彼此的分歧，从而使冲突逐渐化解。同时，由于目标的变化，双方合作的机会增加了，这有利于双方重新审视自己工作中的问题，从而加强成员间的共识与合作。

但此法知易行难，因为在实际操作中，冲突双方必须相互信任，而且共同目标的制定不能过于理想化而脱离实际，这对团队管理者来说是很困难的。

3. 开发资源

如果冲突的发生是由于团队资源的缺乏，那么致力于资源的开发就可以产生双赢的效果；如果是由于缺乏人才，团队就可以通过外聘、内部培训来满足需要；如果是由于资金缺乏或费用紧张，则可以通过申请款项和贷款等方法来融通资金，以满足不同团队的需求，从而化解冲突。

4. 回避或压制冲突

回避或压制冲突是一种消极的解决冲突的技术，是一种试图将自己置身于冲突之外，或无视双方分歧的做法，以"难得糊涂"的心态来对待冲突。这种方法常常适用于以下情形：在面临小事时，当认识到自己无法获益时，当付出的代价大于得到的报偿时，当其他人可以更有效地解决冲突时。当问题已经离题时，此方法可以避免冲突的扩大；当冲突主体相互依赖性很低时，还可以避免冲突或减少冲突的消极后果。

回避或抑制冲突的具体技术主要有：忽略冲突并希望冲突消失，控制言行来避免正面的冲突，以缓和的程序和节奏来抑制冲突，以组织的规则和政策作为解决冲突的原则。

5. 缓和

缓和法的思路是寻找共同的利益点，先解决次要的分歧点，搁置主要的分歧点，设法创造条件并拖延时间，使冲突的重要性和尖锐性降低，从而变得好解决。此法虽然只是解决部分的而非实质性的冲突，但却在一定程度上缓和了冲突，并为以后处理冲突赢得了时间。

具体的方法如下。

（1）降低分歧的程度，强调各方的共同利益和共同做法，使大事化小、小事化了。

（2）相互让步，各有得失，令各方都能接受。此为中庸之道，双方都需要做出让步才能取得大家都能接受的结果。应当注意的是，冲突很可能还会再发生，因此要尽快实质性地解决问题。

6. 折中

折中实质上就是妥协，团队冲突的双方进行一种"交易"，各自都放弃某些东西而共同分享利益，适度地满足自己的关心点和他人的关心点，通过一系列的谈判和让步避免陷入僵局，冲突双方没有明显的赢家和输家。这是一种经常被人们所使用的处理冲突的方法，一般有助于改善冲突双方的关系并使之保持和谐。

折中技术通常在以下情形下运用：

（1）当合作或竞争都未成功时；

（2）由于时间有限而采取的权宜之计；

（3）当对方权力与自己相当时；

（4）为了使复杂的问题得到暂时的平息时；

（5）目标很重要，但不值得与对方闹翻时。

运用此方法时，要注意双方应当相互信任并保持灵活应变的态度，不能为了短期利益，牺牲长远利益。

7. 上级命令

上级命令是通过团队的上级管理层运用正式权威来解决冲突的方法。当冲突双方不能通过协商解决冲突时，按"下级服从上级"的团队原则，强迫冲突双方执行上级的决定或命令。

这种使用权威命令的方法一般是不能从本质上解决问题的，只有在紧急情况下才有其特殊的作用。同时，不能滥用命令，并要注意上级裁决的公正性。

8. 改变人的因素

团队之间的冲突在很大程度上是人际交往技巧的缺乏造成的，因此，运用行为改变技术（如敏感性训练等）来提高团队成员的人际交往技能，是有利于改变冲突双方的态度和行为的。此外，对冲突较多的部门之间的人员进行互换，也有利于工作的协调和冲突的缓解。

9. 改变组织结构因素

通过重新设置岗位、进行工作再设计及调动团队成员等方式，团队可以缓解冲突，也可以协调双方相互作用的机制，还可以消除冲突根源。进行团队改组，重新设计团队现有的工作岗位和权责利关系，以确保职责无空白、无重叠，即基于新的任务组建新的团队，将有利于彻底地解决冲突。

二、激发建设性冲突的技术

缺乏建设性冲突而使团队蒙受损失是必然的。这里介绍几种主要的激发建设性冲突的技术。

1. 运用沟通技术

沟通是缓解团队成员之间的压力及矛盾的有利方式，同样也是激发团队建设性冲突的技术。运用沟通技术主要分为以下两种情况。

（1）上级向下属团队提倡新观念，鼓励成员创新，明确冲突的合法地位。对于冲突过程中出现的不同意见乃至一些未确认的"错误"，团队管理者不应轻易地进行批评、指责，而是要给予冷静的分析，对引发冲突的原因进行深入的思考。

例如：有的公司对持不同意见的人进行奖励，不论其想法是否被公司采纳；有的公司的员工可以向上司提出质疑，而不会受到惩罚。这些都是运用沟通激发的有效冲突。

（2）运用具有威胁性或模棱两可的信息促使人们积极思维，改变对事物漠视的态度，从而控制冲突的水平。例如，团队的领导者在任命重要职位的干部时，可以先把可能的人选信息通过非正式的渠道散布，以试探和激发公众的不同反应与冲突。当引发的负面反应强烈，冲突水平过高时，则可以正式否认或消除信息源；若冲突水平适当，正面反应占主导地位，则可正式任命。

2. 鼓励团队成员之间的适度竞争

鼓励竞争的方式包括开展生产竞赛、公告绩效记录、根据绩效提高报酬支付水平等。竞争能够提高团队成员的积极性。但是，必须注意对竞争加以严格控制，严防竞争过度和不公平竞争对团队造成的损害。

3. 引进新人

引进新人激励现有成员的作用机制，被称为鲶鱼效应。其原理在于通过从外界招聘或内部调动的方式引进背景、价值观、态度或管理风格与当前团队成员不相同的个体，来激发团队的新思维、新做法，造成新旧观念的碰撞、互动，从而形成团队成员之间的良性冲突。此方法也是在鼓励竞争，而且从外部进入的不同声音，还会让领导者兼听则明，做出正确的决策。

4. 重新构建团队

重新构建团队是指改变原有的团队关系和规章制度，变革团队和个人之间的相互依赖关系，重新组合成新的工作团队。这种做法能打破原有的平衡和利益关系格局，从而控制冲突的水平。重新构建团队与前面提到的"改变组织结构因素"是相似的，不同的是这里的构建新团队的技术是主动的，而改变组织结构因素的技术是被动的。

三、化解团队冲突的方法

处理冲突，需要以效果为依据，要讲究方式和方法。分析冲突是为了处理冲突，分析为处理提供了依据，但不能代替处理。分析得当并且处理得法，才能获得预期的效果；否则，将会事倍功半，甚至事与愿违。要使冲突处理得当，就要依据一定的原则行事。

处理冲突的原则是，倡导建设性冲突，并将其控制在适度的水平。一般而言，冲突具有三方面特性，即客观性、二重性和程度性。冲突的客观性，是指冲突本身无可避免，应承认、正视并预见冲突。冲突的二重性，是指冲突有积极方面的影响也有破坏性的影响，应避免冲突向破坏性方向发展，引导冲突向建设性方向转化。而认识到冲突具有程度性，就应该让冲突适度，冲突水平过低或过高都会降低组织绩效。冲突水平偏低时需要激发，偏高时则需要控制，使之维持在对组织有益的程度上。

团队冲突

知行合一

1．无论发生什么事情，都要首先想自己是不是做错了。如果自己没错，那么就站在对方的角度，体验一下对方的感受。

2．低调一点，低调一点，再低调一点。

3．嘴要甜，平常不要吝惜你的喝彩声（夸奖会让人产生愉悦感，但不要夸过头而令人反感）。

4．有礼貌。打招呼时要看着对方的眼睛。尤其是对于年龄大的人，与其沟通时更要注重礼貌。

5．少说多做。言多必失，在人多的场合尽量少说话。

6．不要把别人的好视为理所当然，要懂得感恩。

7．不要推脱责任。

8．在一个同事面前不要说另一个同事的坏话。要坚持在背后说别人好话，别担心这好话传不到当事人的耳朵里。如果有人在你面前说某人坏话，你要微笑。

9．避免和同事公开对立。

10．经常帮助别人，但是不能让被帮助的人觉得理所应当。

11．对事不对人；或对事无情，对人要有情；或做人第一，做事次之。

12．忍耐是人生的必修课。

13．新到一个地方，不要急于融入其中哪个圈子。过了一段时间后，属于你的那个圈子便会自动接纳你。

14．有一颗平常心。

15．待上以敬，待下以宽。

小结与思考

本节讲述了消除破坏性冲突、激发建设性冲突和化解团队冲突的方法。如果你所在的团队出现冲突，你会采取哪种方法解决？

第三节　建立高效团队的方法

"挑战越强，对团队合作程度的需求越高。"这在"高压工作场合尤为突出，例如在核电厂、飞机驾驶舱或者是军队里，团队合作都是生存的必需品"。下面介绍几种建立高效团队的策略。

团队决策的技巧

一、培养团队目标

设立特定目标是团队建设中很重要的一步。"正如拓展训练和其他团队建设项目体现出来的，具体目标对团队行为能产生润滑剂效应。当一个小型团体要集体翻过一堵墙时，他们会渐渐忘掉彼此的头衔、薪水和其他条条框框。"每个人都变成了一个团队成员，而不再是权力结构中的一员。

1. 团队目标要清晰

团队目标应该清晰，具有协作性和挑战性，团队成员要对团队目标有所承诺。一项研究发现"团队成员都承认对实现一个模糊的目标感到不安"。另一项研究发现，有效率的团队无一不具有清晰的目标，且成员都对目标理解透彻。模糊性目标，例如，"尽你最大努力"或"做得更好"无法提供准确方向。"在学期结束前完成对校园停车问题的研究""在两年内为校内托儿所筹集到35万元""到春季学期前在学校里建立一个课本租借项目"则都是清晰、具体的目标。

2. 团队目标要被理解

团队要变成有效率的团队，首先必须建立一个清晰且被所有人理解的目标。这就是说，如"停车问题""校内托儿所""课本租借项目"等目标必须在团队建立之初就被清晰地提出和确定。团队成员应进行讨论，以界定团队的任务范围。任务就是团队的工作，例如收集信息、分析问题、进行推荐、做决定并且实施，或将一个具体项目从无到有地完成。当所有成员都能确定任务已经完成时，团队就可以判定目标已经实现。例如，需要进行口头报告还是书面报告？这份报告需要更高级别的人来对结果进行确认吗？有没有具体的量化标准来判断项目是否完成（例如，是否已经为校内托儿所筹集到35万元）？

3. 团队目标完成要有时间限制

在某些情况下，目标可能是由团队所在的组织规定的。还有一些情况，团队需要通过讨论来决定想要实现什么目标。无论哪种情况，团队目标都要被限定在可以在规定时间内完成的范围里。曾有一个组织的部门团队在一年里设立了60个目标，结果这些目标没有一项达成的，而团队因为漫无目的的工作损失了大量金钱，甚至给整个组织的未来发展造成了危机。对一个团队而言，数量有限且每个成员都能牢牢记住的目标，比数量多到让成员想不起来的目标要好得多。

二、培养团队意识

当内部成员和外部人士都明确意识到团队的身份时，团队就产生了。团队意识是团队建设的一个重要部分。培养团队意识，不可能一蹴而就，但有诸多方法。当然，确立使命是一个关键方法。培养团队意识的策略包括创造团队精神符号、使用团队内部语言，以及指定清晰、恰当的角色。符号聚合理论没有局限于分析个人行为，关注的是人们如何在沟通时创造和分享了那些产生"聚合"的故事。"聚合"是一种比单个团队成员的体验更为一致的团队意识。这些故事或想象能够为团队成员创造一个共同的意义。这里定义的想象不包括妄想或白日梦，而是指团队成员会对一些跟整个团队有关的事进行戏剧化的诠释，而这种诠释的过程又能够给他们带来身份认同感。

维护共同意识的技巧

第二种培养团队意识的方法是创造团队精神符号。团队精神符号可以是团队的名称或标志，一模一样或风格统一的服装也能作为团队精神符号。例如，整个团队都穿着同样的T恤，T恤上印着个性化的标语，或幽默或深刻，都有助于体现团队工作气氛轻松的特点。

使用团队内部语言是培养团队意识和凝聚力的第三个方法。"共同的语言能把一个团队联结在一起，并且是成员身份的隐形标志。团队语言强调互相依存，会避免太多个人色彩的词汇，也会尽量减少针对某个人的指责和批评。当团队失败时，整个集体会受到批评；而当团队成功时，大家作为一个集体接受表扬。这就是团队责任制的语言。"太阳马戏团把演员试镜称为"挖宝"，把集训课程叫作"新兵训练营"，把团队称为"家庭"。有一个软件团队把缺乏效率的会议叫作"老鼠洞"，而成员花费太多时间达成一致的过程被叫作"打洞"。

团队内部语言应该体现这一点。例如足球队教练教育队员要将成功归功于团队，而不是视其为个人荣耀。每场比赛之后，他都会问队员："谁踢进了第一个球？"一开始，通常是第一个射门成功的球员会举手。"错！"他说，"我们都成功射中了那个球。我们每个人都为那个球做出了贡献。"然后他会重复自己的问题："现在，谁踢进了第一个球？"所有的队员都举起了手。当团队成员习惯说"我们""我们的"，而不是"他""她""他们"，就意味着团队已经建立起身份认同和成员归属感，团队离成功就很近了。

指定清晰、恰当的角色是培养团队意识的第四个方法。大多数小型团体的角色都是在成员们的交流中自然形成的，但团队与此不同，团队通常需要正式分配和指定角色。当团队成员不确定自己应该扮演什么角色，就会出现角色混乱和重叠的现象，这不利于团队工作。比方说如果一个橄榄球队的球员都不清楚自己应该站在哪个位置，这支球队将没法比赛。

团队必须让每个成员都扮演自己擅长和专属的角色，才不会出现角色重叠，资源浪费。每个角色对团队的成功都至关重要。如果只有一部分角色在发挥作用，而另一部分被忽略了，有些重要的团队功能可能就无法实现，这就可能会造成灾难性后果。

知行合一

角色定位

　　饭店主管讲述了4名服务人员的故事：王德、李瑞、刘玛和李珊。王德是他所在地区最优秀的服务员，他无须询问便可预知顾客想要什么，不管是加水、加咖啡，还是需要甜品、菜单。李瑞脸上总是挂着微笑，让人如沐春风，每个人都喜欢他，特别是顾客，他的态度永远乐观向上。刘玛是个沉默的团队建设者，她会定期召集员工，提醒大家有哪些潜在问题。最后是李珊，她是餐厅迎宾员，开朗活泼、精力旺盛，会帮那些需要快速吃完饭回去工作的客人催促午餐，她做事周到。"这4个人是我的团队骨干。我不需要干涉过多，他们自己就能把一切打理得井井有条……在三年时间里，是他们成就了餐厅。"该团队中，每个团队成员都有自己的明确角色。王德是一个出色的服务员，但是他可能是糟糕的管理者……他很尊重顾客，但他对有些新员工就不那么尊重了。李珊在迎宾员岗位上的出色表现如果放在服务员身上可能就不那么恰当了。刘玛跟她的同事合作良好，但是她个性安静，不适合做迎宾员。李瑞可能是个糟糕的团队建设者，其实他被开除过两次，但又被请回来了。李瑞的玩笑有时太过火，必须有人在他引起冲突前出来控制局面。为每个成员找到合适的位置绝非易事，但让每个人各司其职非常重要。为团队里的每个核心角色找到恰如其分的人选，才能充分利用团队的资源。

　　一个人在最初加入某个团队时，可能已经被指派了某个角色，但这个角色很可能并不适合他。很多情况下团队需要进行角色调整才能够更加有效率。团队领导者的责任之一就是进行角色指派和分配。

三、构建团队赋能授权

"高赋能的团队比低赋能的团队效率更高。"面对面的团队和虚拟团队都是如此。团队建设的关键元素就是构建团队赋能授权。

赋能授权有4个维度：潜能、意义感、自主性和外部影响力。

团体潜能是团队成员欲取得正向成绩的共同信念。它是一种正面态度。团体潜能与团队表现密不可分。若成员都对团队的表现信心十足，且不限于某一项工作，认为团队在各个项目上都能有上佳表现，团队往往能够表现出色，相反团体潜能较低的团队往往真的会表现不佳。团体潜能对团队成功完成任务有显著影响。

意义感即一个团队认为自己所做的工作是重要的、有价值的和值得做的。团队成员会在沟通中集体影响彼此对意义感的认知。某些犬儒主义者可能会在整个团队里传达一种"何必呢"的态度，乐观主义者则会带来截然相反的影响，令其他成员觉得团队的工作非常重要，值得做好。当团队成员认为一项工作有意义时，社会惰化就会消失，而且成员整体上会比各自单独工作时更努力。

自主性是每个成员在工作上感受到的自由度、独立性和酌情决定权。选择权会给团队成员赋能。团队自主性意味着每个重要决定的通过都是所有团队成员集体参与的结果。因为彼此紧密相连，没有哪个成员能单独做决定。但是，自主性并不等于团队里没有上级或顾问。兼具高度自主权和有限监督的团队远比空有无限自主性的团队要高效。

外部影响力是团队以外的人员的重要程度，通常是指团队所在的组织对团队任务的影响程度。团队外部环境的变化时常会带来外部影响力。如果一个团队向所在组织提交申请，要求变化，而这些提案大多被忽略，没有变化产生，那就证明组织对这个团队的建议持冷漠态度。

1. 传统组织的分层架构

在传统的组织架构里，决策的权力是从金字塔顶端向底端逐层递减的，而底层人员要将影响力传至顶层非常困难。传统的组织大多是层级结构，也就是组织成员权力分配属于金字塔型：首席执行官、主席、副主席位于金字塔顶端，接下来是高级经理、中层经理和下层管理者，底部是一般员工。这类组织的决策过程是严格从上至下进行的，位于权力金字塔顶端的人发布指示，金字塔中部的管理者把这些指示传达给下层员工去具体执行。位于金字塔底层的员工大多数情况下不需要动脑筋，因为他们不会被邀请去参与决策和解决问题，他们的角色仅仅是"苦力"。

传统组织里的层级结构是赋能的敌人。尽管这种权力分层的确在一定程度上为组织提供了必要的架构，但如今我们需要更扁平、更灵活的组织结构。赋能授权就是把权力分散到团队中，让整个组织结构更加扁平化。这样，组织的系统会更加开放，信息和沟通会扩散到系统的各个角落，每个人都被鼓励参与组织的决策过程。

2. 自我管理型团队

通过自我管理完成整个任务的团队被称为自我管理型团队。在经过专门的培训和教育后，团队成员集体负责计划、安排、设定目标、决策和解决问题。他们有高度的自主性，而正是因为成员对决策和问题解决的这种自主权，他们能够从中获得更多意义感，以及对组织产生影响力。随着自我管理型团队的成功，其团体潜能也会提高，这会进一步增强成员对团队的归属感。

自我管理型团队鼓励团队赋能授权，团队的赋能授权会遇到四大障碍。

第一，团队是组织系统下的子系统，二者紧密联系，只有组织的每个部分都支持团队赋能授权，团队才能成功。合作型文化有利于进行团队赋能和团队合作。如果组织在内部建立了团队，却不能够为团队赋能提供充分的结构性支持，建立赋能授权型团队将变成一句空话。当然，并不是所有的组织都依赖团队。对某些组织来说，成立项目小组就足够了。项目小组就是为解决眼前问题而特别设立、在问题解决后立即解散的团队。如果任务非常简单，建立自我管理型团队可能会浪费很多不必要的时间。这种情况下反而是派一两个具备专业知识的员工去解决这个问题更为高效。

第二，不是每个人都能接受赋能型团队。习惯按上司指令行事的人可能无法完全适应新的责任和自主权。有些人可能对赋能型团队抱有敌意，这样的话，他们就不可能成为优秀的自我管理型团队成员。对那些被委派到团队担任领导者的人来说也是如此。如果领导者需要为团队的失败负责，而团队的决定又可能跟领导者的意见冲突，就不难理解他们为何不愿意接纳自我管理型团队了。

第三，如果成员认为参与决策意义不大，赋能就无法进行。如果成员觉得自己只不过在例行公事地重复上级早就做好的决定，那他们会无心合作。如果团队没有得到信任去做出周密、认真的决定，或团队的选择没有得到尊重，那么成员很快会觉得整个参与过程不过是场游戏，只是为了让他们体验一下选择的快感罢了。

曾有学者发现有意义的参与感能够提升员工的生产率和工作满意度。集体决策失败的原因通常是成员参与度过低，例如只有几个人被允许参与，或是团队只被允许做一些无关紧要的决定，又或者是团队的选择被上级管理者忽略了。

第四，如果奖励机制建立在个人的努力或能力上，而不是基于团队表现，团队赋能就会受阻。"这些奖励经常会降低团队成员集体协作和互相帮助的积极性，大家甚至会置团队的成功于不顾。"团体里可能会有三种奖励机制：完全基于个人绩效，赢家拿走所有奖励；按比例分配；平均分配。平均分配奖励能够激发每个成员的动力。它也能促进团体内的双向自尊和尊重、团队忠诚度、友谊和沟通。

绩效制度（赢家拿走所有奖励）本质上是竞争，它暗示只有一部分成员是有绩效价值的，另一部分人的价值则不够格分到团队成功的奖赏。"在分配奖品或福利时，大家会对每个人应得的奖励产生怀疑，从而导致大量的冲突。人们若认为自己没有得到应得的部分，就会产生不满。"

四、建立个人责任制

团队责任制就是在失败时对整个团队进行批评，在成功时对整个团队进行表扬。但是团队建设也需要个人责任制，即为了实现团队的成功，每个成员的工作和表现都必须达到最低标准。如果有些成员偷懒，把工作全部推给别人，团队就没有人真的在齐心协作。团队必须建立个人责任制，防止社会惰化。团

营造团队责任感的技巧

队要能发现自己的错误、疏忽和判断失误。建立有效个人责任制的前提条件之一是营造合作性的沟通气氛。团队成员既要互相监督对方行为是否有纰漏，对彼此进行描述性的反馈，也要关注彼此的进步，而不是一味批评和打击对方。

个人责任制的标准不应该高于成员的能力范围。社会惰化者也应该得到改过自新的机会。个人责任制强调的是让所有成员的表现都尽可能地高于某个最低标准，而不是把失败推到某一两个人头上。这个最低标准需要事先经过成员的集体同意，它可能会包括：不能缺席会议两次以上，不能在会议上迟到或早退超过两次，按时完成工作。

个人责任制不等于给成员的表现打分排位，或是基于绩效进行奖励。个人责任制只会规定不允许有人打破的下限，而不是很少有人能达到的上限。团队领导也是团队合作的核心要素之一。即便是自我管理型团队也需要领导。领导不是一个人，而是一个过程。一个团队可能会有指定的领导者（教练、经理、项目主管），但团队领导是所有人的责任。团队不一定需要上司的管理，但也不能被放任自流。团队的确需要一定的指导和协助来保证目标实现。

五、鼓励参与型领导

没人是无所不知、无所不晓的，因此参与型领导鼓励大家分享知识和智慧。鼓励技能培养、授予有意义的责任、集体进行决策和解决问题都会给成员们赋能。要使团队资源得到最大化利用，所有成员，不仅仅是教练，都要开动脑筋，如此便能提高团体潜能。当球员们在球场上比赛时，他们不能指望教练帮自己思考。

团队领导者是老师和帮助者，是技能打造者。他们欢迎来自成员的想法的贡献。一个足球队的主教练可能会做很多决定，但是参与型领导要求他在制订比赛计划、调动全员积极性、处理赛季中各种不可避免的问题时，都要咨询助理教练的意见。防御型、进攻型和特殊团队的教练都鼓励来自队员们的想法的贡献，因为这样团队能及时发现比赛过程里遇到的问题，及时分析和解决问题。某些情境（例如军队作战）可能会需要指令型领导，但大多数团队通常都应该采用参与型的领导模式。

优秀的团队领导者必然是一名有效沟通者，他擅长跟成员进行支持性沟通并避免防御性沟通模式。优秀的团队领导者会营造一种"失败是学习的一部分"的氛围。犯错的人被鼓励从错误中学到知识。优秀的团队领导者不会批评、嘲笑或是让一个人觉得自己很蠢，特别是不会在其他成员面前这样做。苛责犯错误的成员会助长其对失败的恐惧。

优秀的领导者还会摒弃他们的自负，鼓励合作性的沟通气氛。自我中心式的领导有时候也被称为自恋型领导。这样的领导者会把自己的需求置于团队需求之前。毫无疑问，自恋型领导者是糟糕的团队领导者，他的自大会招致防御性心理和竞争。

小结与思考

本节讲述了高效团队的重要性和建立高效团队的方法。注意体会领导风格对团队的影响差异。若你是一名管理者，你会如何调动各层次员工的积极性？

实操训练

任务一：团队激励

实训活动： 橡皮筋传递。

实训目的： 感受团队激励和配合。

实训道具： 橡皮筋和牙签。

实训过程：

1. 团队成员等距站立，从首位成员开始每人用嘴叼着牙签，将牙签上的橡皮筋传递给下一位成员。

2. 在这个过程中不能用手，只能用嘴巴和牙签将橡皮筋从第一位成员传递到最后一位成员，再从最后一位成员传递回第一位成员。

3. 传递过程中若出现橡皮筋掉落的情况，要从第一位成员重新开始。

4. 按传递回第一位成员的先后顺序公布各团队比赛的成绩。

5. 由团队管理者（领导者）组织团队成员进行讨论，总结第一轮比赛过程中存在的问题或取得成绩的经验，并部署第二轮的比赛。

6. 进行第二轮的比赛，再次公布各团队比赛后的成绩。

实训反思：

1. 在游戏过程中，你是如何激励自己的？

2. 你又是如何激励其他团队成员的？

3. 你从其他团队成员的激励中获得了什么？

任务二：团队合作

实训活动： 蒙眼三角形。

实训目的： 感受团队意识和团队合作。

实训道具： 眼罩若干和绳子。

实训过程：

1. 教师用眼罩将所有学生的眼睛蒙上，在蒙上前让其先观察一下四周的环境。

2. 让学生将双手举在胸前，像保险杆般保护自己与他人。

3. 让所有学生找到一根很长的绳子，并将它拉成正三角形，且顶点必须对着北方，且每个人都要握住绳子。

实训反思：

1. 回想一下活动中发生过什么事。

2. 想象和蒙上眼之前看到的景象差异大吗？其他人当时的想法如何？

3. 你觉得绳子像什么？

任务三：增强信任

实训活动： 抢运物资。

实训目的： 提升成员间的默契。

实训道具： 大小实心球各一个。

实训过程：

1. 游戏开始前，让参与者围成圆形，两人之间的距离在50厘米左右。

2. 大小实心球相距5人(或7人)的距离。

3. 游戏中，大家按同一方向传球，当两球相遇时，游戏结束。

实训反思：

1. 影响游戏氛围的主要因素是什么？

2. 如何解决传球过程中遇到的困难？

任务四：团队效率

实训活动： 融化坚冰。

实训目的： 快速融入团队。

实训道具： 冰、密实袋、水杯。

实训过程：

1. 班内每3～5人组成一组，教师分给每组一个装着相同分量的冰的密实袋。

2. 主持人宣布规则，并监督整个游戏。

3. 比赛规则：大家在指定时间内用任何方法来融掉所拥有的冰（不能借助打火机等除身体以外的任何工具）。

4. 在规定时间过后，让游戏参与者将融出来的水倒进水杯里，融出的水最多的那组获胜。

实训反思：

1. 冰在融化的时候会吸热，那么，怎样由小组成员持续不断地提供热源呢？

2. 如果在冬天玩这个游戏，你会有什么感觉？会不会埋怨？埋怨的结果会是什么？

3. 完成该游戏后，分析获胜队伍的特点。

学习检测

一、判断题

1. 有冲突的团队，才能更加健康。（   ）

2. 大家都想把冲突解决的主要原因是有共同的目标。（   ）

3. 因讨论事情产生的冲突属于非理性冲突。（   ）

4. 在处理团队冲突的方式中，迁就是公司比较忌讳的一种处理方式，因为不维护岗位职责，会不利于公司的管理。（   ）

5. 团队冲突中，如果把问题积压下来更容易激化矛盾，而且问题总要解决。（   ）

二、简答题

冲突处理方法有哪些？各自有哪些特点？

三、思考题

三个领导，三种风格

刚刚大学毕业的吴君通过学校推荐来到××集团总公司下属的第三分公司，给张总经理当秘书。张总经理可谓日理万机，因为公司的大小事情都必须要向他汇报，得到他的指示才能行事。尽管如此，吴君感到工作还是比较轻松。因为任何事情她只需要交给总经理处理，再把总经理的答复转给相关责任人，就算完成任务了。可是好景不长，张总经理因为每日太过奔波劳碌，最终病倒了。

新上任了王总经理。王总经理开始对吴君每日无论大小事宜都要请示提出了批评，让她慢慢学会分清轻重缓急，有些事情可以直接转交其他副总经理处理。这样，王总经理每日有更多的时间去考虑公司的长远目标，确立组织发展方向，然后在高层领导者之间召开会议，进行研讨。自王总经理上任以来，公司出台了新的发展战略、市场定位及公司内部的规章制度。公司的业绩也在短期内有了很大的提高。同时，吴君也很忙碌，有时需要跑很多的部门去协调一件工作，这让她觉得学到了很多东西，也充实了不少。因为业绩突出，王总经理工作了一年就被调到总公司去了。

之后又来了李总经理。相对于张总经理的事必躬亲以及王总经理的有张有弛，李总经理就要随意得多了。他到任之后，先是了解了一下公司的总体情况，感到非常满意，就对下面的经理说："公司目前的运营一切顺利。我看大家都做得比较到位，总经理嘛，关键时刻把把关就可以了，不是很重要的事情你们就看着办吧。"这样一来，吴君享受到了自工作以来没有过的轻松，因为一周也没有几件事情要找总经理。

吴君觉得这三个领导，真是各有各的特点。

1. 你认为三个领导的风格有区别吗？

2. 你认为哪个领导的管理风格更可取？

团队冲突

参考文献

[1]樊登.可复制的沟通力［M］.北京：中信出版集团，2020.

[2]任康磊.小团队管理的7个方法［M］.北京：人民邮电出版社，2019.

[3]奥罗克.管理沟通：以案例分析为视角［M］.康青，译.5版.北京：中国人民大学出版社，2018.

[4]潘建林.团队建设与管理实务［M］.北京：机械工业出版社，2018.

[5]黄甜，韩庆艳，臧伟.沟通技巧与团队建设［M］.北京：人民邮电出版社，2013.

[6]李燕，刘金凤.团队合作与职业沟通：微课版［M］.大连：大连理工大学出版社，2021.

[7]邹晓春.沟通能力培训全案［M］.北京：人民邮电出版社，2008.

[8]高琳.人际沟通与礼仪［M］.北京：人民邮电出版社，2017.

[9]周子宸.职场表达力：从小白到精英的沟通精进指南［M］.北京：中国经济出版社，2020.

[10]李桂荣.现代沟通技巧［M］.成都：西南财经大学出版社，2016.

[11]惠亚爱，舒燕.沟通技巧与团队合作［M］.3版.北京：人民邮电出版社，2019.

[12]陶莉.职场沟通技巧［M］.2版.北京：中国人民大学出版社，2020.

[13]杜慕群，朱仁宏.管理沟通［M］.3版.北京：清华大学出版社，2018.

[14]余淑均.管理沟通：理论、案例及应用［M］.北京：电子工业出版社，2017.

[15]马文杰，苏勇.跨文化管理沟通［M］.上海：复旦大学出版社，2022.